技能型紧缺人才培养培训工程系列教材

中等职业教育课程改革创新教材

采 购 实 务

第 2 版

主　编　孙明贺　张新颖

副主编　邵　新

参　编　张志磊　张　璐　史玉凤

主　审　郑学平

机械工业出版社

本书是在《采购实务》第 1 版基础上修订而成的，遵循中等职业学校物流服务与管理专业课程改革要求，打破传统学科体系设置，以培养社会准职业人为目标，通过分析企业采购环节中的各个工作岗位的技能特点和素质要求，将采购工作所需的知识、能力、技能、态度作为重点培养要素。在对大量的生产、流通企业进行调研的基础上，将采购工作分解成 10 个既相互联系又相对独立的单元，任务明确、操作性强，实际教学可根据需要对各单元进行拆分、组合。

本书包含了大量的实训案例，引导学生进行合作式学习、探究式学习，加强对学生动手、动口、动脑能力的培养，提升学生沟通、协作、表达、敬业等综合素质。

本书可作为中等职业学校物流专业的教材，同时也可供企业相关工作人员及管理人员自学、培训使用。

图书在版编目（CIP）数据

采购实务/孙明贺，张新颖主编．—2 版．—北京：机械工业出版社，2016.2（2025.8 重印）
技能型紧缺人才培养培训工程系列教材
中等职业教育课程改革创新教材
ISBN 978-7-111-52711-4

Ⅰ．①采⋯　Ⅱ．①孙⋯　②张⋯　Ⅲ．①采购管理—中等专业学校—教材　Ⅳ．①F274

中国版本图书馆 CIP 数据核字（2016）第 011240 号

机械工业出版社（北京市百万庄大街 22 号　邮政编码 100037）
策划编辑：聂志磊　　责任编辑：聂志磊　赵晓婷
责任印制：张　博　　责任校对：马丽婷
北京机工印刷厂有限公司印刷
2025 年 8 月第 2 版第 10 次印刷
184mm×260mm · 8.5 印张 · 190 千字
标准书号：ISBN 978-7-111-52711-4
定价：29.80 元

电话服务　　　　　　　　　网络服务
客服电话：010-88361066　　机　工　官　网：www.cmpbook.com
　　　　　010-88379833　　机　工　官　博：weibo.com/cmp1952
　　　　　010-68326294　　金　书　网：www.golden-book.com
封底无防伪标均为盗版　　　机工教育服务网：www.cmpedu.com

中等职业教育课程改革创新教材编审委员会

主 任 委 员： 李建成　　张新颖

副主任委员： 李守斌　　王妙娟　　郑耀涛　　朱为刚

委　　　员：（排名不分先后）

赵　阳　　刘　毅　　范新辉　　毛宁莉

张重晓　　詹春燕　　闫静雅　　彭　麟

王淑荣　　解云芝　　李云松　　刘雪梅

张永杰　　陈小玲　　杨穗萍　　李秀华

周晓杰　　兰　征　　孟丽娇　　曹前锋

葛光明　　权月华　　王东生　　王文仲

序

  为落实以促进就业为导向、以服务发展为宗旨的职业教育办学方针，树立工作过程导向的课程观、行动导向的教学观、多元智能的人才观及多元评价的质量观，实现以服务社会主义现代化建设为宗旨，培养适应经济社会发展需要的，具有良好的职业道德和职业素质，在生产、服务第一线工作的，掌握熟练的职业技能和职业能力的技能型人才的培养目标，机械工业出版社联合多所中等职业学校组织修订了这套物流专业系列教材。

  本套教材力求落实物流专业培养目标与人才规格，提出了"紧紧围绕培养物流管理操作型人才这一核心，以最先进的职教理论和课程理论为指导，占领中等职业教育的制高点，紧贴物流职业领域的实际，使教材的编写经得起时间的考验"。

  本套教材编写的基本思路是：①打破学科体系，以培养职业能力、提高职业素质为核心，构建以工作过程为导向、理论与实践一体化、专业教学标准与职业资格标准相融合的职业教育课程体系；②专业基础课程以综合课程为主，专业课程（实务）以行动导向课程为主；③综合课程与职业资格取证挂钩；④加强实践、实训课程建设；⑤既能适应学历教育的需要，又能满足职业培训的需要。

  本套教材的主要特点为：①以现代职业教育课程理论为指导，体现"以全面素质为基础，以就业为导向，以能力为本位，以学生为主体"的职教课程改革指导思想；②反映物流行业现实的特点和发展的需求，从职业岗位需求出发，以职业能力和技能培养为核心，既反映物流业现实的需要，又具有超前性，体现新知识、新技术、新工艺、新方法的应用；③体现学生自主学习、探究学习、合作学习和教学方法、学习方法的改革；④体现对职业能力评价等评价方式的改革；⑤体现现代职业教育教学手段，编写形式新颖多样、图文并茂、生动活泼、简洁直观，有助于学生理解。

  本套教材分为综合型课程教材和行动导向型课程教材。

  综合型课程教材的编写力争实现以下要求：①课程目标既要明确知识点，更要突出能力点；②课程内容主要是"是什么"和"怎么样"；③教学方式应采用案例教学、情境教学和实践教学等手段，使学生在学习过程中做到动脑、动口、动手；④在教学方法上，要为探究式学习、合作式学习留出充分的时间；⑤评价方式应多采用开卷考试、口试、实操考核、"课业"考核、阶段考核和过程考核等考核方式。

  行动导向型课程教材是本套系列教材的特色，主要体现在：①以运输、仓储、配送、采购、物流营销、物流信息管理等物流结点的主要工作流程为线索；②以上述各个工作流程中的不同操作环节所需要的能力、技能以及相关知识为蓝本；③以能力培养为主线；④以创建行动学习环境，组织学生动手操作、主动探索为教学模式；⑤以培养学生物流业务能力和综合职业素质为目标。

  物流专业行动导向型课程由若干项工作任务组成，每一项工作任务都包含了对某一个工作环节操作能力的培养。本套教材为每项工作任务设置了任务描述、任务目标、情景导入、知识储备、教师演示、学生动手、举一反三和学习评价八个栏目，对课程的教学给予了明确的指导。

对于物流专业行动导向型课程的教学，建议采用以下教学模式。

模式一：基础实训模式

1）教师指导学生明确教学目标和实训要求。

2）教师指导学生明确实训的任务、方法和步骤。

3）学生准备相关材料和必备的知识（教师辅导）。

4）学生按照实训内容进行操作训练（教师辅导）。

5）学习评价。

模式二：角色实训模式

1）教师提出问题，并向学生介绍和展示问题情景，指导学生明确教学目标和实训要求。

2）按某一类型的物流企业组织结构组织学生以小组为单位分别担任不同职务（扮演不同角色），并研究角色的职责和任务。

3）角色扮演者根据角色扮演设计方案分别进行课堂现场展示，还可进行角色互换。

4）学习评价。

模式三：项目实训模式

1）教师布置学习任务，指导学生明确学习目标和实训要求，帮助学生理解任务。

2）教师提供相关参考资料，各项目小组进行调查研究、查阅资料、获取信息，做必要的知识和技能准备。

3）各项目小组合作学习，制订工作计划。

4）根据项目小组制订的计划提出各种方案，经过讨论确立本项目的最佳实施方案。

5）组织项目实施，教师做示范，学生观看；学生根据计划完成任务，教师观看、指导。

6）学生在完成项目的过程中自己检查工作过程及结果，出现问题时可随时请教师或同学帮助解决。

7）学生完成项目后对成果进行展示与自我评价，同时对其他同学的项目完成情况提出问题，互相交流。教师对学生在整个学习过程中的表现予以评价，对出现的问题给予纠正。

根据物流企业的现实情况，建议将行动导向型课程的操作训练方式分为两种：①手工操作，如手工填制各种单证；②结合物流信息管理系统上机操作，如在仓储信息管理系统中完成各仓储管理岗位的操作。

行动导向型课程建设需要教学管理的改革与之配套，如在教学安排上，可以在传统的"两课时一个教学单元"和"一课时一个教学单元"的基础上，采用"一天一个教学单元"和"一周一个教学单元"两种形式；又如在学习评价上，应该采用过程评价、能力评价的评价方式，在等级评价上，主要采用优秀、合格和不合格的等级体系。

本套教材中的许多探索还只是初步的，肯定还有许多不完善的地方，敬请读者多提宝贵意见。

中等职业教育课程改革创新教材编审委员会

前 言

随着经济的发展，企业成本控制、管理科学化越来越受到重视，采购作为企业成本控制和经营管理的基础环节变得越来越重要。如今，采购在全球制造、流通和服务业中的职能和管理系统发生着巨大的变化，特别是电子采购的崛起，更对采购提出了新的要求和希望。

采购是最常见的一种经济活动，从日常生活到企业运作，从民间组织到政府集团都离不开它。随着市场经济的发展与完善，采购已由单纯的商业买卖发展成为一种职业、一门专业，成为一种技术性、实用性、操作性很强的工作，成为商品生产及交换整体供应链中的重要组成部分，成为企业经营管理的核心过程，成为企业获取经营利润的源泉之一。良好的采购管理能够缩短生产周期，加快生产率，减少库存，增强对市场的应变能力。

专业的、科学的采购，对企业来说，有助于降低物质消耗，控制成本，提高劳动生产率；对政府来说，有助于加强财政支出管理，延伸财政支出监督职能，规范采购行为，提高财政资金使用效益，控制腐败现象的发生，对实现可持续发展战略具有非常重要的意义。

本书力求从采购工作的实际需求出发，彻底打破传统学科体系设置，在职业分析的基础上，根据采购岗位的工作需要和人才需要，设计采购活动的各个任务，有针对性地对采购各个环节展开训练，使学生通过任务训练了解和熟悉采购业务操作，掌握采购各个环节的业务流程。本书从企业采购岗位人员的需求出发，注重采购人员的综合素质培养和技能锻炼，具有较强的实用性和可操作性。

本书共分为10个单元、23个任务，计划每周4学时，学期计划学时72学时，其中每个任务包括知识储备讲解1学时，学生能力培养与训练2学时。全册机动学时为3学时。

本书由孙明贺、张新颖任主编，邵新任副主编，河北经济管理学校郑学平副校长任主审。参加教材编写的教师还有张志磊、张璐以及河北国大连锁商业有限公司史玉凤经理。

在本书编写过程中，得到了北京热风时尚有限公司、物美集团、河北国大连锁商业有限公司的大力支持与协助，在此一并表示感谢。

为方便教学，本书配备了助教课件、习题答案等资源，凡选用本书作为教材的教师均可登录机械工业出版社教材服务网（http://www.cmpedu.com）免费下载。欢迎广大教师加入中职物流教师交流群（QQ群：170211876）分享教学资源和教学经验。

由于编者水平有限，书中难免存在疏漏之处，敬请广大读者批评指正。

编　者

目 录

序
前言

第一单元 采购工作认知 1
任务一 了解采购工作 1
任务二 设置采购岗位 5

第二单元 采购需求分析与预测 10
任务一 采购需求分析 10
任务二 采购需求预测 14

第三单元 采购计划制订 17
任务 制订物品采购计划 17

第四单元 供应商选择 30
任务一 搜集供应商信息 30
任务二 选择供应商 32
任务三 选择进货渠道 35

第五单元 采购方式 38
任务一 编写招标邀请文件 38
任务二 编写投标文件 40
任务三 网络投标 44

第六单元 采购价格与成本核算 50
任务一 商品询价 50
任务二 调查商品市场价格 54
任务三 核算采购成本 56

第七单元 采购谈判 63
任务一 谈判能力与礼仪 63
任务二 谈判心理与性格 72

第八单元 采购合同 81
任务一 填写采购合同 81
任务二 签订采购合同 85
任务三 跟踪采购合同 95

第九单元　采购货款结算 101
  任务　结算采购货款 101

第十单元　采购绩效评估 114
  任务一　采购绩效评估 114
  任务二　供应商绩效评估 119
  任务三　采购员绩效评估 123

参考文献 126

第一单元　采购工作认知

说到采购，我们常常会想到一个词——"买东西"。从狭义上讲，采购就是"买东西"，它是指集体或者个体用货币来换取自身所需要的物品。对企业来讲，采购是根据需求来寻找供应商、下订单、确认产品价格和交货期等并按时拿到货。

任务一　　了解采购工作

任务目标

加深学生对采购工作的认知，体会采购工作的重要作用，熟悉采购管理的内容、采购作业流程及采购的管理方式。

任务准备

1. 教师选定一个与采购相关的案例供学生分析讨论。
2. 把学生们分成若干组，每个组选出 4 人作为辩论小组成员并分工协作。
3. 各组收集充分的资料为辩论做准备。

知识储备

一、采购概述

采购是一个范围比较广的概念。除了通过购买的方式来获得物品之外，采购还包括通过租赁、外包、交换、借贷等方式获得所需要的物品。购买和采购的区别，见表 1-1。

表 1-1　购买和采购的区别

项　　目	购　　买	采　　购
主体	家庭或个人	企业、政府、团体、军队
物品	生活资料为主，量小、品种有限	生产资料和生活资料，金额大、品种繁多
过程	简单易行	复杂
风险	小	大

二、采购对企业的重要性

采购对企业的重要性主要体现在以下三个方面：

（1）采购是企业生产经营的源头。

（2）采购是提高企业质量的最基本保证。

（3）采购是企业成本管理的核心和主体。

采购对利润的影响

按一般行业规律，假设某企业的销售收入为 1 000 万元，利润率为 5%，采购成本占 60%，工资费用占 10%，管理费占 25%。请问：

1. 如果采购成本降低 1%，利润会增长多少呢？

2. 企业的目标是将利润翻倍，产品价格、工资、管理费、采购成本分别需要增加或减少多少才能达到这一目标？

三、采购作业基本流程

不同的采购方式和采购对象，在采购作业的流程上存在着差异，但采购的基本流程大致如下：

（1）使用部门提出采购的需求，填写请购单（表 1-2），采购部门接受采购任务。

表 1-2　请购单

申购部门：					年　月　日				编号：
序号	品名	规格型号	单位	请购数量	单价	总价	要求到货日期	用途	

请购人：　　　　部门主管：　　　　采购经办人：　　　　财务：　　　　核准：

说明：

1）流程：使用部门请购（填写品名、规格型号、单位、请购数量、要求到货日期、用途等）→部门主管确认→主管副总核准→采购。

2）采购经办人须凭核批的请购单及时采购（请购单需附发票和入库单后方可报账）。

（2）制订采购计划。

（3）寻找合适的供应商。

（4）执行招标或者采购谈判。

（5）签订合同。

（6）跟踪订单。

（7）验货和入库。

（8）对账和付款。

（9）供应商考评与结案。
（10）归档。

四、有关采购作业流程设计的注意事项

在设计采购作业的流程时，应该注意以下几点：
（1）明确采购流程设计中的四个要素，即事情、人、时间和标准。
（2）注意划分权责和任务，并做到"四分开"，即申请人、采购人、收货人、付款人要尽可能完全分离。
（3）注意关键点的设置，处理好"时间"和"标准"的问题。
（4）注意流程的先后顺序和时效控制。
（5）价值与程序应繁简匹配。
（6）避免作业过程中发生混乱。
（7）流程设计应适应显示的环境。
（8）配合作业方式来改善作业流程。

五、采购原则

采购时不仅要遵守相关的法律法规、市场规则和企业的规章制度等，还要遵守以下几个基本原则：
（1）"5R"原则，即适时（Right Time）、适质（Right Quality）、适量（Right Quatity）、适价（Right Price）和适地（Right Place）。
（2）"五不"采购原则，是指没有采购计划就不采购；三无产品（一无厂家、二无生产日期、三无批准文号）不可采购；名称规格不符的产品不采购；无资金来源不采购；库存已经积压的物资不可采购。
（3）"五权分离"采购原则，是指计划审批权、采购权、合同审查权、质量检验权、货款支付权这五权要分离。
（4）"六优选"采购原则，是指质优价低的优选、本单位的优选、近处单位的优选、老供货商的优选、直接生产单位的优选、信誉好的单位优选。

六、采购管理的内容和阶段

采购管理指的是为了保障企业物资供应，对整个企业的采购活动进行计划、组织、指挥、协调和控制的活动。其内容包括五个方面：①采购管理的基础工作；②与需求有关的采购计划的管理；③采购业务本身的管理；④与企业目标有关的采购质量和成本的管理；⑤企业外部的市场和供应商的管理。

采购管理的五个阶段，见表1-3。

表1-3 采购管理的五个阶段

项目	供应管理			需求管理	
	第一阶段供料	第二阶段价格	第三阶段总成本	第四阶段需求管理	第五阶段全面增值
目标	按时供料/服务，价格合适	合适的价格、合适的产品/服务	从最低价到最低总成本	正面影响、管理需求，减小需求变动和复杂度	增加价值，而不是只降低成本

(续)

项 目	供应管理			需求管理	
	第一阶段供料	第二阶段价格	第三阶段总成本	第四阶段需求管理	第五阶段全面增值
采购的角色	采购员/规划员	谈判者	供应专家、项目经理、团队领导、供应商管理经理	开支/预算顾问、采购关系经理	受信任的业务顾问和变革者
主要绩效标准	按时交货率	采购价差、成本节支 与市场价格对比绩效	质量成本 资金成本 运费、关税、搬运费等 过期库存、机会成本	计划采购与无计划采购的百分比 内部客户的满意度	净利润、投资回报率等 公司的市值、股价 内部客户的运营指标

七、现代采购的管理方式

现代采购的管理方式包括战略采购、电子化采购、全球化采购、联合采购、采购外包。传统的采购一般关注的是"单一最低的采购价格",但忽视了整体采购成本的降低。战略采购则是以关注"最低总成本"来展开的,且具有以下四个特征:

(1)从关注单价到重点关注总成本。
(2)供应商的数目由多到少,甚至到单一。
(3)与供应商的关系由短期交易变成长期合作。
(4)采购部门的角色由被动执行变成主动参与。

 **能力培养与训练**

1. 实训步骤

(1)教师布置辩论赛情境:小张是某公司的采购人员,在采购的岗位上已工作了十年,在这十年中,他与许多供应商打交道,并建立了良好的关系。逢年过节这些供应商会对小张有所"表示",少则一份挂历,多则几百元不等的现金。小张对这些"表示"也一一笑纳,但小张有个原则,从不向供应商张口要什么。小张的观点是在不损害公家利益的情况下,获得供应商的好处没什么关系。

1)正方观点:小张的行为是对的,供应商对小张是善意的表示。
2)反方观点:小张的行为是错的,供应商对小张是贿赂行为。

(2)小组分工,由组长安排工作任务。
(3)按照各自论点寻找论据,搜集相关资料。
(4)各组选出辩论代表,准备发言稿和辩论稿。
(5)辩论赛。
(6)学生互评、自评、教师点评;每人提交报告,报告应包含采购人员的岗位职责描述和督促采购人员尽职尽责的措施,要求不少于800字。

2. 实训评价

"了解采购工作"训练考核评分表，见表1-4。

表1-4 "了解采购工作"训练考核评分表

考 评 人		被考评人	
考评地点			
考评内容	"了解采购工作"训练		
考评标准	内　　容	分值/分	实际得分
	了解采购	20	
	熟悉采购作业流程	10	
	了解采购管理的五个阶段	20	
	辩论赛表现	50	
	合　　计	100	

注：考评满分为100分，60分以下为不及格；60~74分为及格；75~84分为良；85分及以上为优秀。

任务二　设置采购岗位

任务目标

通过任务训练，让学生学会根据情境设计采购岗位，并制定相关岗位的工作职责。

任务准备

1. 教师指定工作情境。
2. 各组根据情境成立采购部门，确定岗位。

知识储备

一、采购部经理

岗位名称：采购经理。
直接上级：计划部经理。
直接下级：原料采购员、辅料采购员、易耗品采购员、采购理单员。
本职工作：领导采购部工作，合理安排部门日常工作，并对整个部门的绩效负责。

管辖范围：
（1）本部门下属员工。
（2）本部门办公场所的"5S"工作。
（3）本部门办公用具、设施、设备、资料。

主要工作职责：
（1）统筹、管理部门的采购计划，确保各项采购任务顺利完成，保证生产畅通。
（2）搜集采购资源，进行市场分析，做到供需心中有数，指导并监督下属开展业务，不断提高业务技能。
（3）审核各部门呈报的采购任务，统筹策划和确定采购内容；减少不必要的开支，以有效的资金保证最大的物料供应。
（4）熟悉和掌握公司所需各类物料的名称、型号、规格、单价、用途和产地；检查所购进的物料是否符合质量要求。
（5）按计划完成各物料的采购任务，并在预算内尽量减少开支。
（6）做好采购计划的制订、物料的订购及交货期的控制工作，并在周例会上定期汇报采购任务的落实情况。
（7）负责新产品、新材料供应商的寻找及资料的收集、开发工作，同时对新供应商品质体系状况（产能、设备、交货期、技术、品质等）进行评估及认证，以保证供应商的优良性。
（8）对旧供应商的价格、产能、品质、交货期开展审核工作，以确定原供应商的稳定供货，同时认真监督、检查各采购员的采购进程及价格控制情况。
（9）督导采购人员在从事采购业务活动中要遵纪守法、讲信誉、不索贿、不受贿，与供应商建立良好的关系，在平等互利的原则下开展业务往来。
（10）负责本部门人员的思想、业务培训，开展职业道德、外事纪律、法制观念教育，保证员工的职业观念和技能能够适应市场经济的快速发展。

责任范围：
（1）对公司总体的采购管理绩效负责。
（2）对下属采购人员的绩效考核负责。
（3）对供应商的品质控制负责。

素质要求：
（1）具备健康的职业道德素养，5年以上从事采购管理的工作经验。
（2）熟悉本行业产品生产流程、作业程序、采购标准和采购流程。
（3）有较强的表达能力及决断能力，善于谈判议价。
（4）有较强的的公关意识，能协调处理好各部门之间的关系。
（5）标准和原则意识强烈，为人正直无私，敢于发现和揭露问题，能够很好地解决问题。

二、原/辅料采购员

岗位名称：原/辅料采购员。
直接上级：采购经理。
本职工作：原/辅料开发和采购。

主要工作职责：

（1）了解和掌握市场行情，做好公司有关物料的采购工作。
（2）严格执行公司的采购计划，做好订单的下达工作，确保所采购的物料符合规格和要求、质量有保证。
（3）制订采购进度计划，并做好交货期的控制工作。
（4）调查物料市场的行情。
（5）查证进料的品质和数量。
（6）处理进料品质和数量异常。
（7）与供应商就有关交货期、交货量进行沟通协调。

责任范围：

（1）对非计划备货物料，根据订单要求按单制订临时采购计划，以满足供货要求。
（2）跟踪订单执行情况，监督采购物料及时到货，保障库存，并满足订单的要求及生产的需求。

素质要求：

（1）熟悉自己所从事的行业，具有三年以上采购工作经验。
（2）具有高度的工作责任心。
（3）工作严谨、敬业，性格随和。
（4）具有良好的文字表达能力和口头表达能力以及沟通、协调能力。
（5）具有较强的辅料开发方面的专业知识。

三、易耗品采购员

岗位名称：易耗品采购员。
直接上级：采购经理。
本职工作：易耗品开发和采购。

主要工作职责：

（1）了解和掌握市场行情，做好公司有关物料的采购工作。
（2）严格执行公司的采购计划，做好订单的下达工作，确保所采购的物料符合规格和要求、质量有保证。
（3）制订采购进度计划，并做好交货期的控制工作。
（4）调查物料市场的行情。

（5）查证进料的品质和数量。
（6）处理进料品质和数量异常的情况。
（7）与供应商就有关交货期、交货量进行沟通协调。

责任范围：

（1）对非计划备货物料，根据订单要求按单制订临时采购计划，以满足供货要求。
（2）跟踪订单执行情况，监督采购物料及时到货，保障库存，并满足订单的要求及生产的需求。

素质要求：

（1）熟悉自己所从事的行业，具有三年以上采购工作经验。
（2）具有高度的工作责任心。
（3）工作严谨、敬业，性格随和。
（4）具有良好的文字表达能力和口头表达能力以及沟通、协调能力。
（5）有较强的易耗品开发方面的专业知识。

四、采购理单员

岗位名称： 采购理单员。
直接上级： 采购经理。
本职工作： ERP 数据录入、原辅料交期的回复、订单的梳理及日常事务。

主要工作职责：

（1）保证 ERP 数据、原辅料交期回复、变动交期的及时性。
（2）保证 ERP 数据、原辅料交期回复、分类汇总的准确性。
（3）保证采购单、BOM 单梳理的完整性。
（4）全面协助采购经理制定采购管理制度及编制采购文件。
（5）制订单项材料的采购计划，并监督实施。
（6）制作物料入库相关单据，积极配合仓库部保质、保量地完成物料的入库。

责任范围： 如因工作失职，给公司造成损失，应承担相应的经济责任及行政责任。

 能力培养与训练

1. 实训步骤

在了解采购岗位的基础上，设计公司的采购岗位，并制定采购岗位的职责。
（1）成立公司，设立采购部。
（2）设计采购部门的组织结构。
（3）制作采购部门各个岗位的说明书，见表 1-5。

表 1-5 岗位说明书

职位名称		职位代码		所属部门	
职　　系		职等职级		直属上级	
直接下级					
薪金标准		填写日期		核准人	
职位概要					
工作内容					
岗位职责					
岗位职权					
管辖范围					
任职资格					
工作条件					

2. 实训评价

"设置采购岗位"训练考核评分表，见表 1-6。

表 1-6 "设置采购岗位"训练考核评分表

考 评 人			被考评人	
考评地点				
考评内容	"设置采购岗位"训练			
考评标准	内　　容		分值/分	实 际 得 分
	成立公司		10	
	采购部分组织机构		30	
	岗位设置及权责分配		40	
	成果展示		20	
	合　　计		100	

注：考评满分为100分，60分以下为不及格；60～74分为及格；75～84分为良；85分及以上为优秀。

第二单元　采购需求分析与预测

　　当企业生产所需的原材料或单位、超市经营的商品短缺时，都会发生采购行为。能够满足生产或生活需要的商品品种很多，如何选择商品品种是每一个经营者都必须认真思考的问题。品种选择的好坏直接影响企业的经济效益，甚至会影响企业的存亡。

　　在进行采购之前，首先要弄清楚采购管理机构所代理的需求者需要什么、需要多少以及什么时候需要的问题，从而明确应该采购什么、采购多少以及什么时候采购和怎么采购，把这些信息汇总后编制出一份确实可靠、科学合理的采购任务清单。

任务一　采购需求分析

 任务目标

　　通过训练，使学生能够描述市场对产品需求的变化规律，掌握选择商品品种的方法，学会分析判断未来市场对不同商品需求的趋势。

 任务准备

　　1. 教师选定几家生产企业、经营单位或综合超市。
　　2. 把学生们分成若干组，每组4人，其中主管经理1人、经办员2人、资料员1人。

 知识储备

　　所谓采购需求分析，就是分析该买什么、买多少、什么时候买、花多少钱、什么时候得到以及怎样得到的问题。正确的采购需求分析，不仅可以保证及时获得合格的生产物资，也是控制成本的一项重要工作。

　　究竟该买多少才算合适？什么时候下单最好？要想很好地解决这些问题，采购管理人员就必须认真分析需求的变化规律，根据需求变化规律，不需用户（指使用采购物资或服务的部门或个人）自己申报，采购管理部门就能知道用户在什么时候需要什么产品、需要多少，进而可以主动地制订采购计划，主动地满足用户需要。

一、采购需求计划表

进行采购首先需要解决采购什么、采购多少、什么时候采购的问题。解决这个问题，就是解决采购员所代理的需求者需要什么、需要多少、什么时候需要的问题。

解决这个问题，企业传统的做法是让企业各个部门层层上报"采购需求计划表"。有的是定期报，这个星期上报下个星期的计划、这个月上报下个月的计划、今年上报明年的计划；有的是不定期报，根据需要随机填写"请购单"，交到采购部。

采购部收齐了这些采购需求计划表、请购单后，把所有需要采购的物资进行分类、整理和统计，进而解决了用户需要什么、需要多少、什么时候需要的问题。

传统的操作过程虽然可以达到解决问题的目的，但存在以下几个弊病：

（1）这种方式兴师动众，往往要麻烦很多人，造成了人力资源的浪费。

（2）只要有一个部门的采购需求计划表没到齐，采购部就不能进行需求的整理统计，就不能得出统一的需求计划，往往会贻误最佳的采购时机。

（3）交上来的采购需求计划表往往信息不准确、不可靠，给采购工作带来许多不稳定因素。

二、统计分析

在采购需求分析中用得最多、最普遍的方法就是统计分析。统计分析的任务是根据一些原始材料分析出客户的需求规律。在实践中，统计分析通常有以下两种方法：

（1）对采购申请表进行汇总统计。一般企业采购都是这样的模式：要求各个部门每月提交一份采购申请表，申报下个月的采购品种和数量。采购部把这些表进行汇总，编制出下个月总的采购任务表，再根据此表制订下个月的采购计划。

（2）对各个部门销售日报表进行统计。对于流通企业来说，每天的销售量就是用户对企业物资的需求量，需求速率的大小反映了企业物资的消耗快慢。因此，由每天的销售日报表就可以统计得到企业物资的消耗规律。消耗的物资需要补充，也就需要采购，因此物资消耗规律也就是物资采购需求的规律。

三、ABC 分析法

企业除了需要采购原材料外，还需要采购办公用品、生活用品等。因此需要采购的物资品种有很多，但是这些物资的重要程度是不一样的。有的特别重要，一旦缺货将造成不可估量的损失；有些物资则相对不那么重要，一旦缺货，也不会造成很大的损失。

面对这样的情况，企业在进行采购管理时该怎么处理呢？最有效的方法是 ABC 分析法。ABC 分析法是指将所面对的成千上万的物资品种进行 ABC 分类，并且按类别实行重点管理，用有限的人力、物力、财力为企业获得最大的效益。

ABC 分析法在实际运用过程中通常可以参照以下步骤进行：

（1）为确定 ABC 分类，必须先进行统计分析，选定一个合适的统计期。在选定统计期时，应遵循几个基本原则：①比较靠近计划期；②运行比较正常；③通常情况取过去一个月或几个月为统计期。

（2）分别统计出各种物资在该统计期中的销售量（或者采购量，下同）、单价和销售额，并分别制作一张 ABC 分析卡，补充品名、销售数量、销售金额等信息。

（3）将 ABC 分析卡按销售额由大到小的顺序排列，并按此顺序号将各物资填上物料编号。

（4）把所有 ABC 分析卡信息依次汇总到 ABC 分析表中，并进行累计统计。

四、物资消耗定额管理

物资消耗定额管理是需求分析的另一种方法。通过物资消耗定额分析，就可以根据产品的结构零部件清单或工作量求出所需要的原材料的品种和数量。

所谓物资消耗定额，是在一定的生产技术组织的条件下，生产单位产品或完成单位工作量必须消耗的物资的标准量。通常用绝对数表示，如制造一台机床或一个零件消耗多少钢材、生铁；有的也可用相对数表示，如冶金、化工等行业，用配料比、成品率、生产率等表示。

在实际操作中，物资消耗定额管理通常有以下三种方法：

（1）技术分析法。技术分析法具有科学、精确等特点，但在操作过程中通常需要经过精确计算，工作量比较大。在应用中，通常可参照以下步骤：

1）根据产品装配图分析出产品的所有零部件。

2）根据每个零部件的加工工艺流程得出每个零部件的所有加工工艺。

3）对于每个零件，考虑从下料切削开始一直到后面所有各道加工的切削完成形成零件净尺寸 C 为止的所有切削的尺寸留量 c。

4）每个零件的净尺寸 C 加上所有各道切削尺寸留量 c 之和，就是这个零件的物料消耗定额 T：

$$T=C+\sum ic\ (i=1,2,3,4,\cdots)$$

（2）统计分析法。统计分析法是根据以往生产中大量详细可靠的物资消耗的统计资料，进行分析研究并考虑计划期内生产技术组织条件的变化等因素而制定定额的方法。例如，要制定某种产品的物料消耗定额，可以根据过去一段时间仓库的领料记录和同期间内产品的产出记录进行统计分析，得到平均每个产品的材料消耗量。这个平均消耗量就可以当作该产品的物料消耗定额。

（3）经验估计法。经验估计法是根据技术人员、工人的实际生产经验，参考有关的技术文件并考虑企业在计划期内生产条件的变化等因素制定定额的方法。这种方法简单易行，但缺乏较为严密的科学性，因而通常精确度不高。

五、推导分析

所谓推导分析，就是根据企业主的生产计划进行需求分析，制订各种原材料、零部件的需求计划的过程。推导分析不能够凭空想象，也不能靠估计，一定要进行严格的推算。

推算所依据的主要资料和步骤过程如下：

（1）制订主产品生产计划。这个计划主要是根据社会对主产品的订货计划以及社会维修业所提出的零部件的订货计划共同制订。

（2）制定主产品的结构文件。制定主产品的结构文件就是要推导分析出装配主产品需要哪些零件、部件、原材料，哪些要自制，哪些要外购，自制件在制造过程中又要采购什么零件、部件、原材料等。这样逐层分析得出主产品的结构层次。每一个层次的每一个零部件都要标出需要数量,是自制还是外购以及生产提前期或采购提前期。所有自制件都要分解到最后的原材料层次,这些原材料层一般是最底层,一般都是需要采购的。

由主产品结构文件可以统计得出这样一个完整的资料,即为了在某个时间生产出一个主产品需要分别提前多长时间采购一些什么样的部件、零件和原材料以及采购的数量。把这些资料汇总成一个表,就是主产品零部件生产采购一览表。

(3) 制定库存文件。通过仓库保管员调查了解主产品零部件生产采购一览表中各个部件、零件、原材料的现有库存量以及消耗速率。由此得到一个主产品零部件库存一览表。

通过对生产所需的原材料、零件或制成品的需求动向和经济发展的趋势等进行分析,可以预见某种产品未来的需求量。当预测某种产品的价格将会上涨时,可适当增加库存或购入必要的原材料加以调配,这样可以节省材料成本、获取更大利润,有利于企业未来发展。

当然,这种带有投机性的购买是具有一定风险的。例如,会造成企业的流动资金紧张,或者是这些购入的物料因为代替品的出现、技术的革新等变成呆料或废料,因此,经营者需慎重进行决策。

能力培养与训练

1. 实训步骤

(1) 学生根据自己本月的采购需求填写用请购单,注意:每样采购物品数量至少为2。

(2) 以小组为单位把填写好的请购单汇总到采购需求计划表。

(3) 通过互联网调查采购物品的名称、种类、规格、型号、单价、技术参数等,并到企业或超市查看商品,确定采购的品种和数量。

(4) 根据采购需求计划表统计、分析小组内本月的采购需求,通过角色扮演,完成采购需求计划表的审批。

2. 实训评价

"采购需求分析"训练考核评分表,见表2-1。

表2-1 "采购需求分析"训练考核评分表

考评人		被考评人	
考评地点			
考评内容	"采购需求分析"训练		
考评标准	内 容	分值/分	实际得分
	网上查询内容真实	20	
	请购单填写明确	20	
	能按要求到现场逐一查看商品	20	
	采购需求计划表统计分析准确	20	
	角色扮演责任明确	20	
	合 计	100	

注:考评满分为100分,60分以下为不及格;60~74分为及格;75~84分为良;85分及以上为优秀。

任务二

采购需求预测

任务目标

通过采购需求预测训练，使学生能够掌握各种定性和定量分析方法，能用定性和定量方法对未来的采购需求量进行预测。

任务准备

1．指定情景：随着油价的不断波动，人工成本的提高，以及同行竞争的加剧，企业生产经营成本上升的压力越来越大。国内某中小型物流企业为了降低成本，提高公司竞争力，决定重新规划公司人力、物力等资源。其改善的举措之一是每月都尽可能预测下月的运输业务量，从而决定运输车辆的安排。该公司今年前九个月的运输业务量见表2-2。

表2-2　公司前九个月的运输业务量表

月　　份	1	2	3	4	5	6	7	8	9
运输业务量/t	1 340	1 200	1 560	1 820	1 960	2 160	2 480	2 650	2 800

2．把学生们分成若干组，每小组4人，其中主管的经理1人，经办员2人，资料员1人。

知识储备

1．采购市场预测

采购市场预测是指在采购市场调查取得的信息的基础上，经过分析研究，运用科学的方法和手段，对未来一定时期内采购市场的变化趋势和影响因素做出估计和推断。

2．采购市场预测的主要作用

（1）作为企业采购决策的前提。

（2）为企业制订采购计划提供依据。

（3）提高企业竞争能力和经营管理水平。

3．预测的分类

（1）按主客观因素所起的作用分类。

1）定性预测方法。定性预测方法包括德尔菲法、一般预测、市场调研、小组共识、历史类比等。

2）定量预测方法。定量预测方法可细分为时间序列分析方法、因果联系分析方法以及模拟方法等。

（2）按预测时间的长短分类。

1）长期预测。长期预测是指对2年或2年以上的需求前景的预测。

2）中期预测。中期预测是指对一个季度以上两年以下的需求前景的预测。它是制订年度计划、季度计划、库存预算、投资等的依据。

3）短期预测。短期预测是指以日、周、旬、月为单位，对一个季度以下的需求前景的预测。它是采购、安排库存等具体经营活动的依据。

4．相关需求物料与独立需求物料

（1）相关需求物料，是指某种物料的需求量与其他物料有直接的匹配关系，当其他某种物料的需求确定以后，就可以通过这种相关关系把该种物料的需求量推算出来。

（2）独立需求物料，是指某种物料的需求量是由外部市场决定的，与其他物料不存在直接的对应关系，表现出对这种库存需求的独立性。

5．五大定性预测方法

（1）一般预测法。一线销售员预测，逐级上报分析。

（2）市场调研法。问卷/面谈/电话收集数据，适合R&D（Research & Development，研发）。

（3）小组共识法。高级经理/销售经理/顾客代表头脑风暴。

（4）历史类比法。类似产品历史销售数据类比，适合R&D。

（5）德尔菲法。专家问答收集汇总，闭环重复。

6．六大定量预测方法

（1）普通预测法。

（2）移动平均法。

（3）加权移动平均法。

（4）指数平滑法。

（5）因果关系预测（归纳）。

（6）趋势指数平滑法。

 **能力培养与训练**

1．实训步骤

（1）小组分别进行相关资料的整理，讨论采购需求预测应该包括的主要项目及内容。

（2）组长组织小组成员针对采购需求预测的方法及各自特点进行讨论。

（3）班级组织小组之间的交流，相互学习取长补短。

（4）各小组在交流的基础上完成物流公司 10 月份运输业务量的预测。

2. 实训评价

"采购需求预测"训练考核评分表，见表 2-3。

表 2-3 "采购需求预测"训练考核评分表

考评人			被考评人	
考评地点				
考评内容		"采购需求预测"训练		
考评标准	内　　　容		分值/分	实际得分
	物流公司 10 月份运输任务量		40	
	处理问题符合规范，对各种文件的格式及程序清楚		20	
	积极参加问题的讨论，有较强的分析问题能力，应变及综合表现能力		20	
	对出现的问题提出不同的解决办法		20	
	合　　　计		100	

注：考评满分为 100 分，60 分以下为不及格；60~74 分为及格；75~84 分为良；85 分及以上为优秀。

第三单元　采购计划制订

采购是最常见的一种经济活动，采购活动的效果在很大程度上取决于采购计划的制订质量，一个精准、可行、切合实际的采购计划对于采购工作有着重要的指导意义。

任务　制订物品采购计划

任务目标

通过训练，使学生掌握物品采购计划中各种指标的相互关系并能够在实践中熟练运用，提高学生的信息收集、整理技能以及计算、分析、书面语言表达能力，培养学生的团队合作精神以及耐心、细致、认真、负责的工作态度，培养学生采用系统理论的方法思考问题的习惯。

任务准备

1. 准备好制订物品采购计划时所需的相关技术资料（数据和表格等）。
2. 学生们自备学习用具（如：铅笔、橡皮、钢笔、尺子、草稿纸和计算器）。
3. 将学生们分成若干组，每组 6 名学生，其中 4 名学生负责制作物资收发平衡表、生产用物资核算表、基建用料汇总表、维修用料汇总表以及挖潜、革新、改造专项工程汇总表，另外 2 名学生负责对以上表格、数据进行汇总，完成物品采购计划表，最后由全组同学一起完成文字说明。为帮助学生进一步熟悉编制过程，可对其进行角色互换。

知识储备

一、物品采购计划的概念及分类

1. 物品采购计划的概念

物品采购计划是企业管理人员在了解市场供求情况、认识企业生产经营活动以及掌握物品的消耗规律基础上，对计划期内的物品采购活动所做出的预见性安排和部署。

2. 物品采购计划的分类

（1）按物品的自然属性分类，可分为金属材料采购计划、非金属材料采购计划等。

（2）按计划期的长短分类，可分为年度物品采购计划、季度物品采购计划和月度物品采购计划等。

（3）按物品的使用方向分类，可分为生产用物品采购计划、维修用物品采购计划、基本建设用物品采购计划、技术改造用物品采购计划、科研用物品采购计划、企业管理用物品采购计划、经营用物品采购计划和生活用物品采购计划等。

（4）按物品的采购计划程序分类，可分为物品采购认证计划和物品采购订单计划。

二、物品采购计划与其他计划的关系

物品采购计划是企业年（季、月）度计划的一个重要组成部分，与其他计划共同构成企业计划的管理体系。各计划之间存在着相互依存、相互制约、相互促进的关系。

1. 物品采购计划与销售计划的关系

销售计划规定企业在计划期（年、季、月）内销售的产品的品种、质量、数量、交货期、销售收入以及利润等。它是以企业与客户签订的供货合同和对市场需求的预测为主要依据制订的。物品采购计划要为销售计划的实现提供物品供应保证。

2. 物品采购计划与生产计划的关系

生产计划规定企业在计划期（年、季、月）内生产的产品品种、质量、数量和生产进度以及生产能力的利用程度。它是以销售计划为主要依据来制订的。生产计划决定物品的采购计划，物品的采购计划又对生产计划的实现起保证的作用。物品的采购部门应积极参与生产计划的制订，提供各种物品的资源管理情况，为企业领导和计划部门制订生产计划提供参考。

3. 物品采购计划与设备维修计划的关系

设备维修计划规定企业在计划期（年、季、月）内需要进行大修的、中修的、小修的设备数量、修理的时间和进度等。设备维修计划中提出的物品品种、规格、数量和需要时间，是制订物品采购计划的依据，物品采购计划为设备维修计划的实现提供物品保证。

4. 物品采购计划与基本建设计划的关系

基本建设计划的竣工日期、建设进度以及采用的有关经济技术的定额等都是制订物品采购计划的依据。物品采购计划是保证实现基本建设计划的物质基础。

5. 物品采购计划与成本计划的关系

成本计划规定企业生产或经营一定种类的物品所需要的生产经营费用以及单位成本、总成本、可比产品成本降低额和降低率等指标。成本计划指标与物品采购计划指标之间存在着相互制约、相互促进的关系。物品采购计划中的需要量是确定成本计划中生产经营费用的主要依据。成本计划中的成本降低额

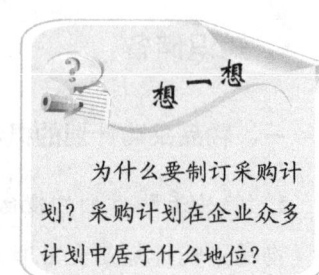

为什么要制订采购计划？采购计划在企业众多计划中居于什么地位？

又是确定物品需要量时应考虑的重要因素。

从以上分析可以得出，物品采购计划与其他计划之间存在着相互依存、相互制约、相互促进的关系。因此，在制订物品采购计划时，必须考虑与各方面的平衡关系，既能保证企业各项任务的完成，又能减少超储的积压，加快资金的周转，提高企业的经济效益。

三、制订物品采购计划中的各种指标及其计算方法

1. 计划期物品需要量

计划期物品需要量是指为完成计划期生产、基建、维修、科研等任务必须得到或耗用的物品总量。确定物品需要量不仅要有可靠的依据，还要有正确的计算方法。常用的计算方法有以下三种：

（1）直接计算法。直接计算法也称定额计算法，是指利用直接的资料，如计划任务量和物资消耗定额、单机配套定额和设备装备定额等来计算物品需要量的方法。其计算公式为

计划期物品需要量＝计划任务量×物品消耗（单机配套、设备装备）定额

在定额比较合理的情况下应尽量采用这种方法。

【例3-1】某橱柜生产企业计划在2015年生产甲、乙、丙三种型号的橱柜，具体生产量及其木材消耗定额见表3-1，请计算该企业2015年生产橱柜对木材的总需要量。

表3-1　某橱柜生产企业木材需求情况

家具规格	计划生产量/套	消耗定额/(m^3/套)	木材需要量/m^3
甲	2 500	2.5	
乙	1 800	3	
丙	2 000	2	
合　计			

（2）间接计算法。间接计算法是利用间接的资料，按一定的比例（水平）、系数和经验来估算物品需要量的方法。这种方法又分为以下三种：

1）动态分析法。其计算公式为

$$\text{计划期物品需要量} = \frac{\text{计划期任务量}}{\text{上期实际（预计）完成任务量}} \times \text{上期实际（预计）消耗物品总量} \times \text{增减系数}$$

或

$$\text{计划期物品需要量} = \frac{\text{上期实际（预计）消耗物品总量}}{\text{计划期任务量}} \times \text{增减系数}$$

在某项任务还没有制定物品消耗定额时，多采用动态分析法来计算物品需要量。

【例3-2】宏兴企业2014年生产木质沙发3 200套，共消耗木材9 600m^3，2015年预计生产木质沙发5 000套，由于技术进步及采取各项节约措施，预计木材消耗量可降低5%，那么，2015年宏发企业生产这种沙发需要多少木材呢？

2）类比计算法。其计算公式为

$$\text{计划期物品需要量} = \text{计划任务量} \times \text{类似产品（或工作量）的物资消耗定额} \times \text{调整系数}$$

类比计算法主要用于某项任务既没有制定物资消耗定额，又没有历史资料可查的情况，

如新产品就可以采用这种方法计算物品的需要量。

【例3-3】联谊企业2014年生产甲种型号的办公椅8 000把，平均每把消耗钢管0.8kg，2015年拟生产其改进型10 000把，预计每把可降低钢管消耗3%，请计算2015年生产改进型产品的钢管需要量。

3）经验统计法。经验统计法是指根据以往经验来估算物品需要量的方法，一般是当难以制定某些维修用料或辅助材料的物资消耗定额时采用的一种方法。

（3）预测分析法。预测分析法是根据过去和现在的物品需要量及其他有关资料来预测未来的物品需要量的方法，包括平均数法、指数平滑法和回归分析法等。

2. 计划期末物品储备量

计划期末物品储备量，即计划期物品储备定额，是指在一定条件下，为保证生产建设等任务的正常进行所规定的合理储存物品的数量标准。按物品储备形态构成可分为经常储备定额和保险储备定额。

（1）经常储备定额。经常储备定额又称周转库存定额，是指为保证企业物品的正常周转或需求必须储存的物品数量标准。其计算公式为

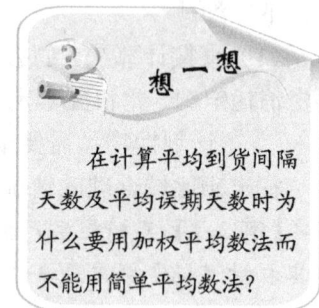

在计算平均到货间隔天数及平均误期天数时为什么要用加权平均数法而不能用简单平均数法？

经常储备定额=平均一日需要量×物品平均到货间隔天数

$$物品平均到货间隔天数 = \frac{\sum(入库数量 \times 到货间隔)}{\sum 入库数量}$$

（2）保险储备定额。保险储备定额又称最低储备或安全存量，是指为防止物品不能按时到货或不能按期投入使用必须储存的物品数量标准。其计算公式为

保险储备定额=平均一日需要量×保险储备天数

保险储备天数可根据平均误期天数计算，也可根据重新订购所需天数来计算。

$$平均误期天数 = \frac{\sum(误期入库数量 \times 误期天数)}{\sum 误期入库数量}$$

【例3-4】兴发企业2015年上半年某种钢板的到货情况见表3-2。假设该钢板每天的平均需要量为1.5t，请计算该钢板的经常储备定额及保险储备定额。

提示：表格中未给出的数据要自己计算，它们都是计算经常储备定额及保险储备定额的基础资料。

表3-2 兴发企业2015年上半年某种钢材的到货情况

入库批次	到货间隔/天	到货数量/t	加权数	误期天数/天	误期入库量/t	加权数
1	23	20				
2	26	28				
3	20	25				
4	28	26				
5	30	32				
6	24	22				
合计						

3. 计划期初物品库存量

计划期初物品库存量是指在计划期初（报告期末）企业实际（预计）存有的物品库存量。

【例3-5】飞腾暖壶厂在2015年10月末准备制订2016年的物品采购计划，在10月31日对该物品进行盘点时发现仓库中还有150件的库存量，预计在11～12月间，该物品还要进库80件，出库100件。计算该物品计划期初的库存量。

4. 计划期其他内部资源量

计划期其他内部资源量是指在计划期内，企业通过加工改制、修旧利废、调剂串换和综合利用等措施得到的资源量。在我国大力提倡构建节约型社会的背景下，更应该重视这部分资源。

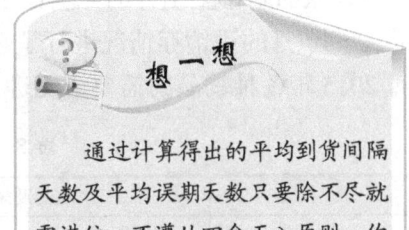

想一想

通过计算得出的平均到货间隔天数及平均误期天数只要除不尽就需进位，不遵从四舍五入原则，你知道是什么原因吗？

5. 计划期物品采购量

计划期物品采购量是指物品需用单位在充分调查了解计划期物品需要量、计划期末物品储备量、计划期初物品库存量及其他内部资源量的基础上得出的在计划期内向企业外部购买物品的数量。其计算公式为

$$\text{计划期物品采购量} = \text{计划期物品需要量} + \text{计划期末物品储备量} - \text{计划期初物品库存量} - \text{其他内部资源量}$$

【例3-6】某企业2016年生产产品共需聚氯乙烯3 600t，2015年11月30日对仓库中的聚氯乙烯进行盘点时发现还有200t的库存量，预计到12月31日之前还要进货150t，使用120t。该物品的供应周期为20天，一般在前10天内到货。为防止物品不能按时到货须留有3天的保险储备。企业还可通过采取节约措施回收可用的聚氯乙烯50t。试计算2016年该企业要采购多少吨聚氯乙烯。

6. 采购数量、采购次数与采购费用的关系

采购数量的大小，直接关系到对生产经营的保证程度和经济效益的高低。物品采购过程会产生采购费用和库存费用。采购费用是指订货、采购、催交的差旅费用和管理费用等。库存费用也称保管费用，是指物品在存储过程中所发生的全部费用。在全年采购总量（采购货款）一定时，采购批量（即一次采购量）越大，采购费用越低，但会增加库存费用；采购批量越小，库存费用越低，而采购费用又会提高，因此应选定合适的采购批量使得采购费用和库存费用合计数最低，它们之间的关系见表3-3。

表3-3 采购数量、采购次数与采购费用的关系

全年采购总量	一次采购量	采购次数	采购费用	平均库存量	库存费用
已 定	大	少	低	大	高
	小	多	高	小	低

在掌握了以上内容之后，就可以根据所给资料制订物品采购计划了。

能力培养与训练

1. 实训步骤

（1）根据表 3-4～表 3-6 提供的资料编制 2015 年物品收发平衡表（表 3-7）。

在 2014 年 11～12 月期间，某企业的物品采购部门根据生产计划（该生产计划是在分析市场需求的基础上制订的）制订 2015 年度的物品采购计划。为此，该部门对 2014 年各种物品 1～10 月的进销存情况进行了全面的清理统计，并对 11～12 月的情况进行了预计，同时对 2015 年各种物品的需要情况进行了调查分析，为制订 2015 年的计划提供了依据。

表 3-4　2014 年初各种物品的实际库存

类　别	品名及规格	单　位	数　量
1. 钢材	薄钢板/2.5mm	t	200
	钢锭	t	800
	工字钢/16#	t	400
	槽钢/12#	t	200
	角钢/10#	t	100
2. 建材	木材/原木	m³	200
	水泥/425	t	500
3. 化工	电石/一级	t	50
4. 防护	工作服/棉布	套	1 000
5. 工具	刀具	把	300
6. 电料	铜芯橡皮线/BY50	m	1 000
7. 轴承	轴承/55mm	套	500

表 3-5　2014 年各种物品各月收入情况

类　别	品　　名	单　位	1～10 月实际收入	11～12 月预计收入
1. 钢材	薄钢板	t	400	150
	钢锭	t	2 600	550
	工字钢	t	300	150
	槽钢	t	400	100
	角钢	t	200	50
2. 建材	木材	m³	400	200
	水泥	t	1 600	400
3. 化工	电石	t	1 000	200
4. 防护	工作服	套	3 000	2 000
5. 工具	刀具	把	1 000	200
6. 电料	铜芯橡皮线	m	3 000	1 500
7. 轴承	轴承	套	1 500	500

表 3-6　2014 年各种物品各月发出情况

类　别	品　名	单　位	1～10 月实际发出	11～12 月预计发出
1. 钢材	薄钢板	t	360	240
	钢锭	t	2 000	950
	工字钢	t	450	150
	槽钢	t	400	200
	角钢	t	150	50
2. 建材	木材	m³	200	200
	水泥	t	1 200	900
3. 化工	电石	t	890	310
4. 防护	工作服	套	3 500	1 000
5. 工具	刀具	把	1 100	300
6. 电料	铜芯橡皮线	m	3 100	1 900
7. 轴承	轴承	套	1 600	400

表 3-7　2014 年物品收发平衡表　　　　　年　月　日

品名及规格	单位	2014 年初库存	2014 年收入			2014 年发出			2014 年底库存
			1～10 月实际收入	11～12 月预计收入	合计	1～10 月实际发出	11～12 月预计发出	合计	

制表人：

（2）根据表 3-6 和以下资料编制 2015 年生产用物品核算表（表 3-8）。

1）钢材。

① 钢锭。一分厂生产的甲类产品每件耗钢锭 500kg，2015 年计划生产该产品 2 500 件；二分厂生产的乙类产品，每件耗钢锭 1 000kg，2015 年计划任务量为 1 000 件。

② 工字钢。三分厂生产丙类产品，2014 年预计完成 1 200 件，预计消耗工字钢 600t，2015 年计划任务量为 1 800 件（增减系数暂不考虑）。

2）工具。刀具 2015 年计划需要量为 1 500 把（用于生产丙种产品）。

3）轴承。轴承 2015 年计划需要量为 2 500 套（用于生产丙种产品）。

表 3-8　2015 年生产用物品核算表　　　　　　　年　　月　　日

品名及规格	单位	2014 年预计				2015 年计划				备注
		产品			消耗定额	需要量	产品			消耗定额	需要量	
		规格	单位	产量			规格	单位	产量			

制表人：

（3）根据以下资料编制 2015 年基建用料汇总表（表 3-9）。

1）2015 年木材（原木）需要量为 100m³。

2）2015 年水泥（425）需要量为 450t。

表 3-9　2015 年基建用料汇总表　　　　　　　　年　　月　　日

类　别	品　名	单　位	数　量

制表人：

（4）根据表 3-10 提供的资料编制 2015 年维修用料汇总表（表 3-11）。

表 3-10　2015 年维修用料需要情况表

部　门	品　名	单　位	数　量
一分厂	薄钢板	t	260
	槽钢	t	200
	木材	m³	80
	水泥	t	350
	轴承	套	800
	铜芯橡皮线	m	2 000
	工作服	套	600
二分厂	铜电线	m	2 000
	水泥	t	150
	轴承	套	400
	工作服	套	110
三分厂	铜芯橡皮线	m	1 500
	薄钢板	t	110
	电石	t	80
	水泥	t	120
	木材	m³	170

（续）

部门	品名	单位	数量
四分厂	角钢	t	300
	槽钢	t	120
	木材	m³	110
	水泥	t	180
	电石	套	60
	工作服	套	140

表3-11 2015年维修用料汇总表　　　　　　　年　月　日

类别	品名及规格	单位	2015年需要量					备注
			合计	一分厂	二分厂	三分厂	四分厂	

制表人：

（5）根据表3-12提供的资料编制2015年挖潜、革新、改造专项工程汇总表（表3-13）。

（6）根据以上计算、以下文字及表3-14、表3-15提供的资料填写编制说明（表3-16），并编制2015年物品采购计划表（表3-17）。

1）2015年底预计其他内部资源储备情况（见表3-14）。

预计2015年（按360天计）钢锭总需要量为2 250t，供应期为60天，预计供应期内临时需要为100t。

表3-12 2015年挖潜、革新、改造措施情况表

项目	品名	单位	数量
1. 高炉大修	薄钢板	t	80
	槽钢	t	90
	水泥	t	60
	电石	t	10
2. 厂房大修	木材	m³	120
	水泥	t	40
	角钢	t	50
	电石	t	20
3. 余热工程	木材	m³	40
	水泥	t	150
4. 福利设施	木材	m³	400
	水泥	t	200
	角钢	t	30

表3-13　2015年挖潜、革新、改造专项工程汇总表　　　年　月　日

类别	品名及规格	单位	需要量					备注
			合计	高炉大修	厂房大修	余热工程	福利设施	

制表人：

表3-14　2015年底预计其他内部资源储备情况表

品　名	单　位	数　量
薄钢板	t	200
工字钢	t	500
槽钢	t	150
角钢	t	180
木材	m³	250
水泥	t	400
电石	t	120
工作服	套	500
刀具	把	100
铜芯橡皮线	m	600
轴承	套	600

2）2015年预计物品单价及订购次数（表3-15）。

表3-15　2015年预计物品单价及采购次数一览表

类别	品名及规格	单位	单价/元	采购次数
钢材	钢锭	t	2 500	15
钢材	薄钢板/2.5mm	t	4 000	20
钢材	工字钢/16#	t	3 000	10
钢材	槽钢/12#	t	3 200	10
钢材	角钢/10#	t	3 800	10
建材	木材/原木	m³	2 600	20
建材	水泥/425	t	600	20
防护	工作服/棉布	套	120	12
工具	刀具	把	40	12
电料	铜芯橡皮线/BY50	m	8	16
轴承	轴承/55mm	套	50	20
化工	电石/一级	t	800	12

表 3-16　文字说明

文 字 说 明

企业名称：
　年　月　日（公章）

表3-17　2015年物品采购计划表　　　　　　年　月　日

类别	品名及规格	单位	上年消耗		期初库存	2015年需要量						期末储备	2015年采购				
			合计	1~10月实际		合计	生产	基建	维修	挖革改措施	其他内部资源		合计	单价/元	采购次数	一次采购量	采购货款合计/元

制表人：

2. 实训评价

"制订物品采购计划"训练考核表，见表3-18。

表3-18 "制订物品采购计划"训练考核评分表

考 评 人			被考评人	
考评地点				
考评内容	"制订物品采购计划"训练			
	内　　容		分值/分	实 际 得 分
考评标准	考虑问题系统、全面，有大局观		15	
	基础知识牢固，清晰各项指标之间的关系		20	
	文字说明思路清楚，言简意赅		10	
	数据填写准确无误，字迹清楚无涂改		30	
	遵守纪律，服从命令听指挥		10	
	肯于付出，团队合作意识强		15	
	合　　计		100	

注：考评满分为100分，60分以下为不及格；60～74分为及格；75～84分为良；85分及以上为优秀。

需要说明的是，上述物品采购计划的制订过程是经过简化的。在实际工作中，制订一份科学合理的物品采购计划非常复杂，还涉及很多方面的问题，如对市场需求的预测、采购时间的确定、供货商的选择、各种采购方案的比较、各项费用支出的分析以及经济订购批量的计算等。

第四单元　供应商选择

供应商是企业采购的当事人之一,其响应企业采购的程度,提供的货物、设备、承建工程以及各类服务的质量直接关系到企业采购资金的充分利用和采购效能的充分发挥。如何对供应商实施考核,是企业采购部门管理好供应商关系的重要任务之一。

任务一　搜集供应商信息

任务目标

调查搜集供应商信息,填写供应商卡片。

任务准备

1. 教师事先选定几种采购的物品。
2. 按照采购物品的种类把学生分成若干个组,例如钢材组、建材组、日用品组、电子产品组和食品组等。
3. 学生根据自己的兴趣和爱好提前向不同的组报名,每组 6 人,其中采购经理 1 人、采购员 2 人、质量认证员 2 人、资料收集员 1 人。

知识储备

一、新供应商信息收集的方法

(1) 看各种采购指南收集新供应商的信息。
(2) 看新闻传播媒体,如电视、广播、报纸等,收集新供应商的信息。
(3) 参加各种产品发布会,收集新供应商的信息。
(4) 参加各类产品展示(销)会,收集新供应商的信息。
(5) 从行业协会、政府的统计调查报告或刊物中,收集新供应商的信息。

（6）通过同行或旧供应商介绍，收集新供应商的信息。

（7）公开征询，就会有供应商主动联络，由此收集新供应商的信息。

二、潜在供应商信息收集的内容

潜在供应商信息收集的内容包括潜在供应商的经营范围、注册资金、近三年销售业绩、是否有重大履约投诉等信息，见表4-1。

表4-1　潜在供应商信息搜集表

序号	潜在供应商类别	潜在供应商名称	注册地	经营范围	注册资金	近三年销售业绩			履约投诉
						2013年	2014年	2015年	

能力培养与训练

1. 实训步骤

（1）通过调查搜集供应商信息，了解供应商的基本情况。

（2）了解有多少个厂家生产该产品，搜集厂家的资料，填写供应商卡片，并由采购经理建立一套供应商资料卡片册（表4-2），以便随时进行查阅。

表4-2　供应商资料卡片

公司基本情况	名　称						
	地　址						
	企业性质						
	联系人			部　门			
				职　务			
	电　话			传　真			
	E-mail			信用度			
产品情况	产品名	规　格	质　量	价　格	生产规模	可供量	
运输方式	代办托运	自提	送货上门	售后服务			
备　注							

2. 实训评价

"搜集供应商信息"训练考核评分表，见表4-3。

表4-3 "搜集供应商信息"训练考核评分表

考评人		被考评人	
考评地点			
考评内容	"搜集供应商信息"训练		
考评标准	内　　容	分值/分	实 际 得 分
	搜集供应商信息全面、真实	30	
	选择生产厂家具有代表性	20	
	填写供应商卡片仔细认真	30	
	小组分工合作能协调配合	20	
	合　　计	100	

注：考评满分为100分，60分以下为不及格；60~74分为及格；75~84分为良；85分及以上为优秀。

任务二　　选择供应商

任务目标

通过审核打分，选择供应商。

任务准备

1. 教师选定至少10家企业，并给出企业背景资料。
2. 把学生们分成若干组，每组4~6人，其中主管的经理1人、采购员2~4人、资料员1~3人。

知识储备

选择供应商的方法

1. 向有意向的供应商发放调查问卷

调查问卷是一种应用范围很广而且很有效的方法，只是应用起来比较烦琐，需要耗费许多的人力、物力和时间。企业首先根据自身情况，制定出详细的调查问卷，发放给有意向的供应商。然后根据收集到的调查问卷确定被调查供应商的实力。但有些供应商为了凸显自己或是为了获得订单，并不如实回答问卷，在这种情况下，必须将这种方法与其他方法结合起来使用，如向与供应商有接触的其他合作企业发放问卷寻求合作等。

2. 研究供应商提供的资料

每一个供应商都想尽快把自己推销出去。作为企业宣传策略的一种，供应商会印制一些宣传资料，通常是一些精美的图表画册。为了获得更多的订单，供应商会把介绍自己企业的资料提供给有采购意向的企业，从而企业就会获得大量的相关资料。品质认证人员充分利用这些资料，仔细研究各个供应商提供的宣传资料，大致确定出可以进一步接触的供应商。

3. 实地考察供应商

为了更好地了解供应商的情况，企业可以进行实地考察。这种做法的主要目的一方面是减少不必要的中间环节，另一方面是更好地调查供应商的实力。实地考察供应商的成本很高，因此只有进行重大资本性设备采购或选择战略伙伴型供应商时才会实施。

4. 通过相关人员了解情况

企业可以充分利用拥有的人力资源，向曾经隶属于该企业但现在已经离开的企业员工进行采访，通过他们了解供应商的实际情况。这种方法获得的信息甚至比实地考察更有价值，但是该方法的使用要避免触犯法律，避免被人起诉进行不正当竞争。

5. 向大型调查机构购买相关资料

对于非常重要的采购项目，为谨慎起见，同时也为了减少人力和时间的耗费，可以选择大型可靠的专职调查机构，向他们购买所需的相关资料。

 **能力培养与训练**

1. 实训步骤

（1）审核供应商。采购前对供应商的审核包括以下几个方面：

1）具有工商部门核发的营业执照以及国家主管部门核发的生产许可证。
2）具有一般纳税人资格，能够按时开具增值税发票。
3）保证出具符合国家标准或行业标准的正规质量证明书。
4）在资金状况及诚信度上无不良记录。
5）在经营交往中能够互惠互利。

（2）对审核合格的供应商进行评价。

1）填写供应商评价表，见表4-4。
2）统计得分情况

表 4-4 供应商评价表　　　　　　　　　　　　　　　编号：

项　目	评　价				得分/分
	A	B	C	D	
商品畅销程度	非常畅销（10）	畅销（8）	普通（6）	滞销（4）	
运输方式	送货上门（15）	代办托运（10）	提供方便（8）	自提（6）	
交货期	准时（15）	偶误（10）	有误（7）	常误（4）	
供应价格	优惠（20）	适中（15）	较高（10）	高（4）	
促销配合	极佳（10）	佳（8）	较差（6）	差（4）	
商品品质	佳（10）	佳（8）	较差（6）	差（4）	
售后服务	准时（10）	偶误（8）	常误（6）	极差（4）	
厂商经营潜能	极佳（10）	佳（8）	较差（6）	差（4）	
总　分					

（3）筛选供应商。

1）对于总分在 50 分及以下的供应商，应予以淘汰。

2）对于总分在 51~59 分的供应商，应减少采购量。

3）对于总分在 60~79 分的供应商，应维持采购量。

4）对于总分在 80 分及以上的供应商，应加大采购量。

2．实训评价

"选择供应商"训练考核评分表，见表 4-5。

表 4-5 "选择供应商"训练考核评分表

考评人			被考评人	
考评地点				
考评内容	"选择供应商"训练			
考评标准	内　容		分值/分	实际得分
	能按要求审核供应商		30	
	能按要求评价供应商		30	
	能按要求选出供应商		20	
	小组分工合作能协调配合		20	
	合　计		100	

注：考评满分为 100 分，60 分以下为不及格；60~74 分为及格；75~84 分为良；85 分及以上为优秀。

任务三

选择进货渠道

 任务目标

掌握直接进货、定向进货、多途径进货的方法,学会分析、判断最佳货源的采购渠道,培养学生勇于实践、勇于创新的精神。

 任务准备

1. 不同的商品应采取不同的进货渠道。让学生分析任务二的相关结果,根据厂址、商品性质的不同准备任务三的活动。

2. 把学生分成若干组,每组4~6人。

 知识储备

一、进货渠道选择的原则

1. 短渠道、少环节

能够从生产厂商直接进货的,不要经过其他中间商业环节;能够从产地批发企业直接进货的,不要从中转地或销地批发企业进货;在保证商品品种和数量的前提下,尽量就近进货,避免长距离运输。

2. 省费用、少开销

从运输里程、流通环节、运输工具和在途时间等方面综合考虑,尽可能地节约费用;选择环节最少、渠道最短、费用最省的进货渠道。

二、进货渠道的种类

1. 直接进货渠道

直接进货就是找到商品的生产厂家,直接从生产厂家进货。这一进货渠道的优点是:可以降低进货价格,防止假冒伪劣商品流入企业。但采用直接进货渠道要考虑生产厂家距离的远近,若因距离过远造成商品运输成本过大则要调整进货渠道。

2. 固定进货渠道

固定进货就是选择资信好、生产能力强、商品质量高的供货商，与他们建立长期合作关系，固定进货渠道。这一进货渠道通常适用于需求量稳定的商品和厂家生产质量稳定的商品。其优点是：可以通过良好的合作关系规范进货活动，适时保障市场供应，通过长期的合作关系使买卖双方受益。

3. 区域进货渠道

区域进货就是有针对性地选择货源市场。在目前市场商品极大丰富的情况下，很多商品因其特殊的生产环境和经营条件，形成了一些独具特色的商品货源产地或货源市场。采用区域进货就是根据自身的进货需要，选择有特色的商品货源产地或货源市场作为进货渠道。这一进货渠道的优点是：商品采购选择余地大，便于专门化采购。

4. 名优进货渠道

名优进货就是选择名优商品厂家或供货商作为进货渠道。选择这一进货渠道必须和本企业的整体经营战略、目标市场定位相一致。这一进货渠道的优点是：可以通过名优商品树立企业良好形象，提高企业经营档次，增加消费者对企业的信任度。但该进货渠道通常只适用于大型商业企业。

5. 动态进货渠道

动态进货就是不断根据市场的变化选择新的、有发展潜力的进货渠道。采用这一渠道难度比较大，不仅需要掌握充分的、及时准确的市场信息，还要有敢于开拓市场的胆量和魄力。这一进货渠道的优点是：能够灵活地适应市场的变化，不断推出新的商品。但是不利于建立和谐的供销关系，一般只适用于市场变化较快的商品。

能力培养与训练

1. 实训步骤

（1）延续任务二的相关活动，让学生确定由任务二选出的5个最佳供应商。
（2）各组选择合适的进货渠道。
（3）各组解说哪些商品应该直接从生产厂家进货，哪些商品应该从销售公司或零售商进货。
（4）分析各组选择的进货渠道的利弊。

2. 实训评价

"选择进货渠道"训练考核评分表，见表4-6。

表 4-6 "选择进货渠道"训练考核评分表

考 评 人			被考评人	
考评地点				
考评内容	"选择进货渠道"训练			
考评标准	内　　容		分值/分	实际得分
	选择进货渠道正确		30	
	选择方法可行		20	
	分析到位清楚		30	
	积极参加讨论，展示自己的选择结果		20	
	合　　计		100	

注：考评满分为 100 分，60 分以下为不及格；60～74 分为及格；75～84 分为良；85 分及以上为优秀。

第五单元　采购方式

在一些大宗物品的采购过程中，经常会采用公开招标的形式。公开招标采购是国家正在大力推广的采购方式，它将"公开、公平、公正"的市场原则引入到企业的采购工作中，可以杜绝关系货、人情货，切实保证货比三家，采购到性价比最高的商品，从而节约企业采购的资金。

任务一　编写招标邀请文件

任务目标

通过采购招标文件编写训练和鼓励学生编写不同物品的招标邀请文件，使学生了解招标的工作流程，掌握发布招标书的技术，学会分析招标的方法。

任务准备

1. 在学校商务模拟中心或计算机教室安装一套招标投标模拟流程软件。
2. 准备一项需要招标采购的产品。
3. 把学生分成若干组。一组为招标组，另外几组为投标组。

知识储备

招标的基本知识

1. 发布招标公告

需要招标采购的企业首先要撰写招标文件，将物料采购的所有条件（例如物料名称、规格、品质要求、数量、交货期、付款条件、处罚规格、投标押金和投标资格等）详细列明，刊登公告。其中，招标人是指招标机构；投标人是指向招标人提交投标文件的制造商或供货商；买方是指在合同的买方项下签字的法人单位，即委托招标业主；卖方是指提供合同货物及服务的投标人。货物是指卖方按合同的要求,须向买方提供的设备、材料、备件、工具、成套技术资料及手册;服务是指合同规定卖方必须承担的设计、安装、调试、技术指导及培训以及其他类似的承诺义务。

2. 招标文件书写要求

招标文件要阐明所需货物及服务、招标投标程序和合同条款等。招标文件以中文编印版本为准。任何要求澄清招标文件的投标人,均应在投标截止日前5天以书面或传真、电报形式通知招标人。招标人将以书面形式予以答复。在投标截止日期前的任何时候,无论出于何种原因,招标人可主动或在解答投标人提出的问题时对招标文件进行修改。招标文件的修改将以书面形式通知所有购买招标文件的投标人,并对他们具有约束力。投标人应立即以电报以及传真形式确认收到修改文件。为使投标人在编写投标文件的同时,有充分的时间研究招标文件的修改部分,招标人可以酌情延长投标的日期,并以书面形式通知已购买招标文件的每一位投标人。除非有特殊要求,招标文件不单独提供招标货物使用地的自然环境、气象条件以及公用设施等情况,投标人被视为熟悉上述与履行合同有关的一切情况。

能力培养与训练

1. 实训步骤

学生按招标邀请书格式,编写一份产品采购招标文件。

【招标邀请书样本】

招标邀请:
(招标机构)_____受_____委托,对项目所需的货物及服务进行国内竞争性招标。兹邀请合格投标人前来投标。
(1) 招标文件编号:_____
(2) 招标货物名称:_____
(3) 主要技术规格:_____
(4) 交货时间:_____
(5) 交货地:_____
(6) 招标文件从____年___月___日起每天(公休日除外)工作时间在下列地址出售,招标文件每套人民币____元(邮购另加_____元人民币),售后不退。
(7) 投标书应附有_____元的投标保证金,可用现金或按下列开户行、账号办理支票、银行自带汇票进行支付。投标保证金应于____年___月___日___时(北京时间)前交纳。
开户名称:(招标机构)_____
账　　号:_____
开户银行:_____
(8) 投标截止时间:____年___月___日___时___分(北京时间),逾期不予受理。
(9) 投递标书地点:_____
(10) 开标时间和地点:_____

（11）通信地址：_____
邮政编码：_____
电报挂号：_____
电　　话：_____
传　　真：_____
联 系 人：_____
E-mail：_____
（招标机构）：_____

年　　月　　日

2. 实训评价

"编写招标邀请文件"训练考核评分表，见表5-1。

表5-1　"编写招标邀请文件"训练考核评分表

考评人		被考评人	
考评地点			
考评内容	"编写招标邀请文件"训练		
考评标准	内　　容	分值/分	实际得分
	能规范书写招标邀请文件、书写格式标准	30	
	清楚招标的各项程序	30	
	认真完成招标各项工作	20	
	内容正确、资料齐全	20	
	合　　计	100	

注：考评满分为100分，60分以下为不及格；60～74分为及格；75～84分为良；85分及以上为优秀。

任务二　编写投标文件

任务目标

通过投标文件编写训练，使学生了解投标的工作流程，掌握发布投标书的方法和编写投标文件的细则。

任务准备

1. 在学校商务模拟中心或计算机教室安装一套招标投标模拟流程软件。
2. 准备一项需要招标采购的产品。
3. 把学生分成若干组。一组为招标组，另外几组为投标组。

 **知识储备**

投标的基本知识

凡是具有法人资格，有生产或供应能力的国内企业（实行生产许可证制度的须持有生产许可证），在国内注册的外国独资、中外合资以及中外合作企业，符合并承认和履行招标文件中的各项规定者，均可参加投标。

1. 编写投标文件

投标人应按照招标文件要求及所附投标报价说明完整填写投标书和招标报价表，不能有任何遗漏，要表明所提供的货物、货物简介（含技术参数）、数量及价格。投标人对投标货物及服务报价，报出最具有竞争力的价格，并在投标书、投标报价一览表、分项一览表内分别填写货物名称、规格型号、数量、设备出厂单价和总价，运保费须单独报价。投标文件分为正本和副本，要在文件的左上角分别注明"正本"以及"副本"字样。投标文件的书写要求：投标文件正本和所有副本须用不褪色的墨水书写或打印，装订成册；投标文件的书写应清楚工整，凡是修改处都应由投标单位法人授权代表盖章；投标文件应有法人授权代表在规定签章处逐一签署及加盖投标人公章。

投标文件一般应包括下列部分内容：投标书、投标报价一览表、分项一览表、投标资格证明文件（公司的营业执照副本复印件加盖公章及其他的相关证件）、公司与制造商代理协议和授权书、公司有关技术资料以及客户反馈意见等。另外，投标方应按招标文件中要求的投标文件格式填写，并将投标文件装订成册。

2. 交纳投标保证金

投标方应该向招标代理机构按照招标要求的固定金额或比例交纳投标保证金。投标保证金是为了避免买方因为投标人的不当行为蒙受损失而设立的。投标人应自行承担所有与编写和提交投标文件有关的费用，不论投标的结果如何，招标人在任何情况下均无义务和责任承担这些费用。投标保证金以人民币计价，可以使用现金、支票、银行保函和汇票，由投标人按照招标邀请函中规定的银行、账号以及要求数额办理，于开标前规定时间交予招标人。如果未按规定交纳投标保证金，则被视为无效投标。未中标的投标方的投标保证金，在定标后5日内予以退还（无息）。中标的投标方的投标保证金，在中标方签订合同并履行合约后5日内退还（无息）。

3. 投标

投标人应该将投标文件正本和副本分别装入信袋内加以密封，并在封签处加盖投标人公章（或合同专用章）。投标文件信袋封条上应该写明招标人、招标文件所指明的投标送达地址、招标项目名称、标书编号、投标企业名称以及地址等信息，并且分别在正本和副本信袋上注明"开标时才能启封""正本"或"副本"。投标人必须在招标文件规定的投标截止时间前送达指定的投标地点。

能力培养与训练

1. 实训步骤

让学生仔细阅读招标文件,并能按招标文件的要求编写投标文件,投标文件的所有条款、条件和规定要符合招标文件的要求,并保证所提供资料的真实性。学生可自己设计投标书封面,并把相关文件装订成册。

【投标相关文件样本】

一、投标书封面格式

投 标 书

标　　号＿＿＿＿＿＿＿＿＿＿
投标单位＿＿＿＿＿＿＿＿＿＿
投标单位法人授权代表＿＿＿＿＿＿＿＿＿＿

　　投标单位：　　　　（公章）

　　　　　　　　　　　　　　　　　　　　　年　　月　　日

二、投标书格式

投 标 书

致:＿＿＿＿＿＿＿＿＿＿＿＿＿＿＿＿

根据贵方为＿＿＿＿＿＿＿＿＿＿项目招标采购货物及服务的投标邀请＿＿＿＿＿＿＿＿＿＿(招标编号),签字代表＿＿＿＿＿＿(全名、职务)经正式授权并代表投标人＿＿＿＿＿＿＿＿＿＿(投标方名称、地址)提交下述文件正本一份和副本一式＿＿＿＿＿＿份。

(1) 投标书。
(2) 投标报价一览表。
(3) 分项一览表。
(4) 货物符合招标文件规定的技术响应文件。
(5) 资格证明文件。
(6) 投标保证金,金额为人民币＿＿＿＿＿＿＿＿＿＿元。

据此函,签字代表宣布同意如下:

(1) 所附投标报价一览表中规定的应提供和交付的货物投标总价为人民币＿＿＿＿＿＿元。
(2) 投标人将按招标文件的规定履行合同责任和义务。
(3) 投标人已详细审查全部招标文件,包括修改文件(如需要修改)以及全部参考资料和有关附件。我们完全理解并同意放弃对这方面有不明及误解的权利。
(4) 其投标自开标日期开始有效期为＿＿＿＿＿＿＿＿＿＿个日历日。
(5) 如果在规定的开标日期后,投标人在投标有效期内撤回投标,其投标保证金将被贵方没收。
(6) 投标人同意提供按照贵方可能要求的与其投标有关的一切数据或资料,完全理解不一定要接受最低价格的投标。

（7）与本投标有关的一切正式往来通信请寄：

地址：_____

邮编：_____

电话：_____

传真：_____

投标单位法人授权代表姓名、职务：_____

投标单位（公章）：_____

日期：　　年　　月　　日

法人授权代表签字：_____

三、投标报价一览表格式（表5-2）

表5-2　投标报价一览表

招标文件编号：　　　　　　　　　　　　　　　　　　　　　　　　（单位：万元）

序号	产品名称	产品价格			其他费用				投标价
		数量/台	单价	总价	运输费	调试费	备品备件费	总金额	（产品总价与其他费用总金额之和）

投标单位：（盖章）　　　　　　　　　　　　　　　　法人授权代表：（签字）

四、企业法人营业执照复印件

企业法人营业执照复印件，实行许可证制度的，须提供生产许可证复印件。

五、投标产品报告

（1）投标产品型号、规格、技术参数和说明。

（2）投标产品的质量标准、检测标准、测试手段。

（3）对投标产品的设计、制造、安装、测试等方面采取技术和组织措施。

（4）交货地点、交货时间、交货方式、交货进度及运输条件。

（5）技术服务。

（6）投标单位认为有必要说明的问题。

六、法人代表授权书

（招标机构）_____：

现委派_____参加贵方组织的_____招标活动，全权代表我单位处理招标的有关事宜。

附授权代表情况。

姓　　名：_____

年　　龄：_____

性　　别：_____

身份证号：_____

职　　务：_____

邮　　编：_____

通信地址：_____
电　　话：_____
电报挂号：_____
单位名称：（公章）
法人代表：（签章）
本授权书有效期：　　年　月　日至　　年　月　日

七、投标企业商务基本情况（表5-3）

表5-3　投标企业商务基本情况

项　　目	投标厂商名称
企业性质	
注册资金	
职工总数/技术人员	
企业类型	
资金总额/万元	
负债总额/万元	
近三年收入/万元	
近三年利润/万元	
流动比率	
ISO9000 系列质量体系认证	

2. 实训评价

"编写投标文件"训练考核评分表，见表5-4。

表5-4　"编写投标文件"训练考核评分表

考评人		被考评人	
考评地点			
考评内容	"编写投标文件"训练		
考核标准	内　　容	分值/分	实际得分
	能规范书写投标书	30	
	清楚投标的各项程序	30	
	认真完成投标各项工作	20	
	内容正确、资料齐全	20	
	合　　计	100	

注：考评满分为100分，60分以下为不及格；60～74分为及格；75～84分为良；85分及以上为优秀。

任务三

网络投标

任务目标

通过网络招投标训练，使学生了解网络招投标的工作流程，掌握网上发布招投标书的技术。

第五单元　采购方式

任务准备

1. 在学校商务模拟中心或计算机教室安装一套招标投标模拟流程软件。
2. 准备一项需要网络招标采购的产品。
3. 把学生分成若干组。一组为招标组，另外几组为投标组。

知识储备

评标方法

评标工作在整个招标采购中至关重要。那么，如何进行评标才能够选到合适的供应商？评标过程中是否有技巧可循？这是众多实施招标采购的企业最关心的问题之一。实际招标工作中采购方企业应掌握几种实用性、可操作性强的评标方法，以便在实际工作中根据招标工作的具体情况灵活运用，选择到合适的供应商。评标方法有很多，目前常用、也最具有实操性的方法有以下三种。

1. 最低投标价法

最低投标价法是指在满足实质性要求和内涵相同的条件下，以报价最低来确定中标方的评价方法。例如 2015 年 4 月新化公司在资源厂家内进行的电缆招标，即是以最低报价的天恒集团等厂家为中标单位；还有 2015 年 8 月进行的化工三剂招（议）标采购，也是以最低报价的北京迪方化工公司等单位为中标供货商。最低投标价评标方法操作简便，应用范围较广，是评标的常用方法。但是由于此种方法在评标时只注重考虑价格因素而忽略其他的影响因素，缺乏科学性。因为每个厂家的生产能力、厂家规模、生产条件、质量保证和信誉度、交货期、运距都存在差异，所以在招标时的报价就会不同。因此，价格低廉不应该作为中标的唯一标准。

2. 最低评标价法

最低评标价法是招标方确定标的物的标底价，评价委员会以标底价为依据，评定出评标价最接近标底价的供货商为中标方的评标方法。例如一项工程的标底价为 100 万元，交货期是关键影响因素，甲公司提前一周交货，则折扣 1%，评标价为 99 万元，乙公司推迟一周交货，则加价 2%，评标价为 102 万元，结果是甲公司的评标价最接近标底价，为最终中标方。此种方法需要在招标文件中明确各种因素对评标价的影响，因此，在编制招标文件时应考虑周全，避免招标过程中发生争议。

3. 综合评分法

评标时除考虑投标价外，还应考虑投标文件中所报交货期以及付款方式，货物的技术水平、性能和供货能力，货物的质量和适应性，货物发到最终目的地的运输、保险以及其他费用等,将众多影响因素综合考虑、评分的方法为综合评分法。

为了更好地理解和掌握综合评分法,现将通过具体事例说明该方法的应用。例如,针对某招标项目,根据投标项目特点以及各影响因素的重要性,将影响评标的各种因素给予分值:投标人基本情况 16 分;投标产品情况 30 分;投标报价 40 分;优惠条件 5 分;售后服务情况 7 分;安装资质等级 2 分。满分为 100 分。

其中有些内容的评分标准是固定的,如安装资质甲级为 2 分,乙级为 1 分,其他内容的评分需要评标委员会给予确定,报价得分可使用有关公式求得。

 **能力培养与训练**

1. 实训步骤

学生按事先分好的招标和投标小组分工,把各自的资料输入到学校专门的网络系统中,并在专门的时间内进行竞标、评标。此项训练的目的是鼓励大家都参与,发表自己的见解,并选出中标者。

(1)招标组先在网上公布招标书。
(2)投标组要在网上按招标要求公布投标书。
(3)投标组要在网上公布本企业的商务基本情况。
(4)投标组要在网上做产品介绍。

例如,某钢厂的产品介绍。

【产品介绍样本】

1. 品种及供货标准(表 5-5)

表 5-5　品种及供货标准

序　号	产品名称	牌　号	执行标准	备　注
1	碳素结构钢卷板	Q195 Q215 Q235	GB/T 912—1989 GB/T 3274—1988	GB912 用于≤4mm 的板带 GB3274 用于>4mm 的板带
2	优质碳素结构钢卷板	08A1	GB/T 710—1991 GB/T 711—1988	GB710 用于≤4mm 的板带 GB711 用于>4mm 的板带
3	低合金高强度结构钢卷板	Q295 Q345	GB/T 912—1989 GB/T 3274—1988	用于焊接钢管
4	一般结构用钢板及钢卷板	SS330 SS400 SS490	JIS G3101—1995	用于建筑、桥梁、船舶、车辆等一般结构件
		St37-2 St37-3 St44-2 St52-3	DIN 17100—1980	

(续)

序 号	产品名称	牌 号	执行标准	备 注
5	焊接结构用钢板及钢卷板	SM400A SM400B SM400C SM490A SM490B SM490C	JIS G3106—1999	用于建筑、桥梁、船舶、车辆、石油罐、工程机械等要求焊接性能优良的结构件
6	汽车结构用钢 （冷变型用热轧细晶粒钢）	QstE340TM QstE380TM QstE420TM	SEW 092	用于要求良好冷成型性能并有较高或高强度要求的汽车大梁等结构件
7	供冷轧深冲用热轧钢板	St12 St13 St14 SAE1006 SAE1008 CS（A、B、C） DS（A、B）	DIN 1623—1983 SAE J403 ASTM A366—1997	用于要求良好冷成型性能的车辆外覆盖件
8	低碳钢板及钢带	SPHC SPHD SPHE	JIS G3131—1996	深冲压用
9	焊接钢管用钢带	SPHT1 SPHT2 SPHT3	JIS G3132—1990	用于焊接钢管
10	压力容器用钢	16MnR	GB 6654—1996	除保证常温性能外，还保证较高温度下的力学性能，用于蒸汽锅炉设备、较高工作温度的压力容器及类似结构件
11	气瓶用钢	HP265 HP295	GB 6653—1994	焊接气瓶用钢板
12	船板	A、B、D、E AH32、DH32 AH36、DH36	GB 712—1988	一般强度船体结构用 高强度船体结构用
13	管线钢	X42 X46 X52 X55	API5L	石油、天然气输送管用

2．尺寸规格（表 5-6）

表 5-6　尺寸规格

尺寸范围/mm	卷径/mm	卷重/t	单位卷重/（kg/mm）
厚度：2.0～8 宽度：900～1 550	内径：762 最大外径：2 050	15.5～32.0	7～21

3．交货状态

热轧卷交货，不切边、不整平。

（5）投标组要在网上做出承诺，如下面某投标人做出的承诺。

【投标单位承诺出样本】

投标单位承诺函

项目名称：_____　　　　　　日　　期：_____

致：_____股份有限公司/厂

很荣幸能参与上述项目的投标。

我代表_____公司，在此做出如下承诺：

（1）完全理解和接受招标文件的一切规定和要求。

（2）投标报价为现场安装价。即在投标有效期和合同有效期内，该报价固定不变。

（3）若中标，我方将按照招标文件的具体规定与项目法人签订经济合同，并且严格履行合同义务，按时交货，为工程提供优质的材料和服务。如果在合同执行过程中，出现合同材料质量问题，我方一定尽快更换、退货，并承担相应的经济责任。

（4）在整个招标过程中，我方若有违规行为，贵方可按招标文件相关规定给予惩罚，我方完全接受。

（5）若中标，本承诺函将成为合同不可分割的一部分，与合同具有同等的法律效力。

投标单位法人授权代表：

投标单位（公章）：

（6）投标组要在网上公布法定代表人授权书，如下面某投标人做出的授权书。

【法定代表人授权书样本】

投标单位法定代表人授权书

项目名称：_____　　　　　　日　　期：_____

致：_____股份有限公司/厂

_____公司是中华人民共和国合法企业，法定地址_____

法定代表人扬扬特授权_____代表我公司全权办理针对上述项目的投标、谈判、签约等具体工作，并签署全部有关文件、协议及合同。

我公司对被授权人的签名负全部责任。

在撤销授权的书面通知以前，本授权书一直有效。被授权人签署的所有文件（在授权书有效期内签署的）不因授权的撤销而失效。

被授权人签字：_____　　　　　授权人签字：_____

职　　务：_____　　　　　　　职　　务：_____

联系电话：_____

传　　真：_____　　　　　　　投标单位（公章）：

邮　　编：_____

（7）讲标及评标。全体参加招标投标的学生集中在一起，各投标组分别通过文字、图片和动画等多种形式讲解本组参标情况，讲标既要有重点又要覆盖到唱标报告表（表5-7）的各项内容，突出本企业特点和优势。讲解后，大家进行提问，并在大会上当众宣读唱标报告，由教师和学生共同评出中标者。

表5-7　唱标报告表

投标单位全称			
序　号	投标产品名称	数　　量	投标价/万元	交　货　期

(续)

投标单位全称					
序　号	投标产品名称	数　量	投标价/万元	交　货　期	
交货地点		备　注			

投标单位：

法人授权代表：

（公章）　　　　　　　　（签章）

　　　　　　　　　　　　　　年　月　日

2. 实训评价

"网络投标"训练考核评分表，见表5-8。

表5-8　"网络投标"训练考核评分表

考评人			被考评人	
考评地点				
考评内容		"网络投标"训练		
考核标准	内　容		分值/分	实际得分
	能按规定的要求进行网络投标		30	
	清楚网上招标、投标的各项程序		30	
	认真完成网上投标各项工作		20	
	积极搜集资料，参与网络投标		20	
	合　计		100	

注：考评满分为100分，60分以下为不及格；60~74分为及格；75~84分为良；85分及以上为优秀。

第六单元　采购价格与成本核算

商品的价格是商品价值的货币表现，它们综合反映了商品的质量、款式、服务、性能、结算条件等，是买卖双方关心的焦点。商品价格的确定是采购工作中的重要环节，任何企业都希望自己所购买的商品是质优价廉的。采购人员只有对供应商提供的价格进行全面的分析比较，合理计算成本，才能选出价格性能比最佳的产品，达到有利于己方的合理采购价格。

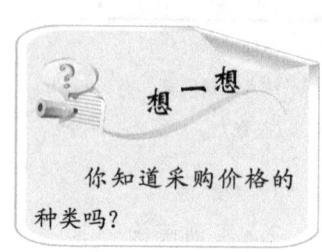
想一想
你知道采购价格的种类吗？

任务一　商品询价

任务目标

通过训练提高学生的信息采集和捕捉有价值信息的能力，使学生学会制作价格分析比较表格。

任务准备

1. 教师选定几种有代表性的商品或原材料，如钢材、建材、家用电器、日用品、食品等，并且按产品种类编组。
2. 学生根据自己的兴趣和爱好提前向不同的小组报名；每组6人，其中采购经理1人，采购员2人，质量认证员2人，资料收集员1人。
3. 准备必要的询价表。

知识储备

一、采购价格的种类

依据不同的交易条件，采购价格会有不同的种类。采购价格一般是由成本、需求以及交易条件决定，常见的采购价格有出厂价、送达价、现金价、期票价、净价、毛价、现货价和合约价等。

（1）出厂价。出厂价是指供应商的报价不包括运送费用，由企业雇用运输工具，前往供应商的仓库提货。

（2）送达价。送达价是指供应商的报价中包含负责将商品送达指定地点的费用，所发生的各项费用都由供应商承担。

（3）现金价。现金价是指以现金方式支付货款，现金价可以使供应商免除交易风险，企业享受现金折扣。

（4）期票价。期票价是指企业以期票或延期付款的方式采购商品支付的价格，现金价加计利息变成期票价。通常供应商会加计延迟付款期间的利息于售价中。如果供应商希望取得现金周转，会将加计的利率提高，超过银行现行利率，以使企业舍期票价取现金价。

（5）净价。净价是指供应商实际收到的货款，除供应货物以外不再支付任何交易过程中的费用，这点在供应商的报价单条款中通常会写明。

（6）毛价。毛价是指供应商的报价因为某些因素加以折让后的价格。例如，供应商会因为企业采购金额较大，而给予企业某一百分率的折扣。

（7）现货价。现货价是指每次交易时，由供需双方重新议定价格，如果双方签有买卖合约，则交易完成后即告终止。在众多的采购项目中，采用现货交易的方式最频繁。买卖双方按当时的行情进行交易，不必承担履约后价格可能发生的大幅波动的风险。

（8）合约价。合约价是指买卖双方按照事先议定的价格进行交易，合约价格涵盖的期间依合同而定，短的几个月，长的一两年。由于价格议定在先，经常造成与时价或现货价的差异，使买卖时双方发生利害冲突。因此，合约价必须有客观的计价方式并且定期修订才能维持公平、长久的买卖关系。

二、采购价格的确定

采购人员的主要工作之一，就是要降低采购成本，压低采购价格。价格的确定一般包括询价、报价、比价、议价与定价 5 个阶段。

1. 询价

从多方面打探市场行情，包括市场最高价、最低价和一般价格等。询价通常有口头询价与书面询价两种方式。

（1）口头询价。采购人员以电话、电子邮件的方式或当面向供应商说明采购商品的品名、规格、单位、数量、交货期限、交货地点、付款及报价期限等资料。该方法适用于双方经常交易，并且商品规格简单、标准化程度高的情形。

（2）书面询价。对于规格复杂并且非标准化的产品，应该采用书面询价方式，这样可以避免发生语言沟通上的错误。但是为了节省双方通信的时间，目前许多公司都使用传真机或计算机将询价单送发给供应商，这种方式不但翔实而且快速。

在询价的过程中，为了避免供应商发生报价上的错误，通常采购人员应该简附辅助性的文件，例如商品规格说明书、商品分期运送的数量明细表。

2. 报价

供应商在接到询价单后会进行报价。报价是采购行动的第一步，分主动报价及被动报价两种情况。就国内目前的商业环境而言，供应商主动报价的情形大约占90%，企业主动询价的情形大约只有10%。然而这并非市场经济环境下的最优格局，采购人员应该有主动出击寻求质优价廉的供应来源的能力与意愿。

报价方式分口头报价和书面报价两种。口头报价是供应商以电话方式或当面向采购人员说明报价的内容。报价的商品是买卖双方经常交易、规格简单并且不易产生错误的商品。这种报价方式是基于双方的互信，"言出必行"，可以节省书面报价所必需的书写或邮寄时间。书面报价是供应商将价格、交货日期、付款方式、交货地点等必要资料填入后，寄给采购部门；若金额较大时，有些公司规定报价单必须以密封方式寄给稽核或财务单位，以便将来公司拆封比价。

3. 比价

比价是指把供应商的报价与采购底价、供应商过去的报价、供应商商品的成本以及其他供应商价格相比较，以全面地了解供应商的价格，判断其价格是否合理。

比价采购制度就是在"货比三家"的基础上，将采购预算管理、采购计划管理、采购价格审核、采购信息管理和考核奖惩等方面的工作制度化、规范化，形成以企业内部价格审计监控为核心的监督约束制度，最大限度地防止企业物资和资金管理出现漏洞。

通过建立和分解采购订单、维护供应商档案，动态掌握订单执行的情况，有效管理整个企业的采购业务，及时、准确地保证企业生产所需求的各类物料，快速处理并下达采购计划，控制和节约采购资金，降低采购成本，提高采购活动的效率。

比价采购可以随时查看采购单物料与多家供应商的对照表，通过比较价格、质量等级、交货周期价格以及合格率等参数，最终确认所选择的供应商是否合理。

（1）与底价相比较。所谓底价就是采购方打算支付的最高采购价格。底价的制定使采购人员对价格的确定与取舍有据可依，但是底价的制定往往需要企业内部的行业资深人士，甚至聘请外部的专家来完成。底价制定一定要合理，如果制定得太高，很多本来可以入围的优秀供应商就会被拒之门外，这样就会丧失很多机会；如果底价制定得太低，就失去了制定底价的意义。一个合理底价的制定不仅需要制定人有丰富的与商品相关的知识，还需要制定人尽可能多地搜集相关材料，譬如参考类似商品的购买价格、参考专业期刊公布的价格、从中立的采购调查研究机构获取价格信息等。

（2）与其他供应商的价格相比较。可以尽量邀请多家供应商参与投标报价，不同的供应商的报价可以让采购人员了解所购商品大致的市场价格。最终选定的供应商可能只有一两家，但是其他供应商的报价对采购人员做出正确选择非常重要。邀请多家供应商报价会增加采购人员的工作量，但有利于确定合理的采购价格。

（3）与供应商商品的成本相比较。将供应商的商品成本与其报价相比，判断其报价是否合理，同时可将商品成本细分为人工、原料、外包、制造费用、管理费用，判断其成本是否偏高。

（4）与供应商过去的报价相比较。了解供应商过去有多少产品项目价格上涨（时间、上涨幅度、通报方式），比较供应商的价格上涨模式与该产业的模式（是否比同业涨得快、涨得多)。判断商品价格上涨的真正原因是成本的上涨,还是品质的提高及服务的增多,其上涨是否合理,其下降是否意味着品质的下降与服务的减少。

4. 议价

通过比价,采购人员对商品价格已经相当了解,接下来就应该和供应商面对面地进行议价。议价对象应是经过前期市场调查的商品。

在议价之前要有充分的准备,列举将要谈的条件,作为议价的底线。如果供应商投标报价在底线之外,则退回;如果在底线之内,则将议价谈判的结果呈给采购管理人员裁决。即使仍向原来的供应商采购,采购人员也应该寻求更多的供应商来源,以增加议价的能力。

除此之外,还要收集供应商提供商品的成本与价格资料并对其进行分析,最好能有成本分析师的帮助。

5. 定价

成立估价小组,由采购人员、技术人员、成本会计等组成,估算出符合品质要求的、较为准确的底价资料。根据底价资料、市场行情、供应商用料的不同、采购量的大小、付款期的长短等与供应商议定出一个双方都能够合理接受的价格。

能力培养与训练

1. 实训步骤

(1)制定询价单,对准备采购的商品进行市场询价调查。

(2)教师组织学生到市场进行采购价格调查,准备调研资料。

(3)选择询价方法,制作价格比较分析表格。

2. 实训评价

"商品询价"训练考核评分表,见表6-1。

想一想

盲目采购对企业将会产生什么样的影响?为什么采购议价前要进行市场调研,建立相关资料档案?

表6-1 "商品询价"训练考核评分表

考 评 人		被考评人	
考评地点			
考评内容	"商品询价"训练		
考评标准	内　　容	分值/分	实 际 得 分
	制定询价单	25	
	市场商品口头询价调查	25	
	市场商品书面询价调查	25	
	制作商品价格比较分析表格	25	
	合　　计	100	

注:考评满分为100分,60分以下为不及格;60~74分为及格;75~84分为良;85分及以上为优秀。

任务二

调查商品市场价格

 任务目标

通过实地调研训练提高学生观察与分析的能力,通过市场调查掌握第一手资料,把握价格与产品的关系,能够撰写一份规范、有见地的调查分析报告。

 任务准备

1．教师确定学生各组要调查的小商品。

2．学生到商场实地调查了解市场上小商品的需求状况,观察对小商品的说明与演示,对小商品的价格做调查和对比,写出实地观察的分析报告。

3．准备必要的商品询查表。

 知识储备

小商品市场调查分析报告的基本结构如下所示。

【调查分析报告样本】

第一部分　背景说明
前言
一、调查目的
二、调查对象及一般情况
三、调查方法与时间
四、调查内容与问卷设计
五、调查策划与实施
第二部分　调查结果
一、对消费者购买小商品的类型与影响因素的调查
二、对消费者所从事的职业与年龄的调查
三、对消费者购买小商品可接受价格的调查
四、对消费者购买小商品喜欢的促销活动的调查
五、对消费者购买小商品的地点的调查
六、对消费者购买小商品的时间间隔的调查
第三部分　调查的局限性
一、调查时间的局限性
二、调查费用的局限性
三、调查人员的局限性
四、调查问卷的局限性
第四部分　对小商品市场调查分析的结论
第五部分　附录

 **能力培养与训练**

1. 实训步骤

(1) 提出调查小商品价格的目标及要求。

(2) 设计小商品价格调研问卷及填写价格调查表（表6-2），并分组进行调查。

表6-2 超市零售商品价格调查表

班级_____ 姓名_____ 学号_____ 地点_____ 时间_____

商品名称	北国超市（单价/元）		永辉超市（单价/元）		华润超市（单价/元）	
雕牌洗衣粉	袋/500g		袋/500g		袋/500g	
潘婷洗发水	瓶/200mL		瓶/200mL		瓶/200mL	
舒肤佳香皂	块/200g		块/200g		块/200g	
雀巢咖啡1+2	盒/42袋		盒/42袋		盒/42袋	
洽洽瓜子	袋/160g		袋/160g		袋/160g	
妙芙蛋糕	包/2块		包/2块		包/2块	
三元纯牛奶	盒/250mL		盒/250mL		盒/250mL	
可口可乐	听/355mL		听/355mL		听/355mL	
百事可乐	听/355mL		听/355mL		听/355mL	
千层雪	盒/350g		盒/350g		盒/350g	
鲜橙多（康师傅）	瓶/490g		瓶/490g		瓶/490g	
方便面（康师傅）	袋/80g		袋/80g		袋/80g	
金龙鱼花生油	桶/5L		桶/5L		桶/5L	

第____小组　　　　　　　　　　组长　　　　　　　　　年　月　日

(3) 组织相关信息的采集和调查资料的整理工作。

(4) 学生以小组为单位将调研问卷汇总，撰写调研报告，在全班交流。

(5) 组织全班对本次调查进行讨论，针对发现的问题进行总结。

2. 实训评价

"调查商品市场价格"训练考核评分表，见表6-3。

表6-3 "调查商品市场价格"训练考核评分表

考评人		被考评人	
考评地点			
考评内容	"调查商品市场价格"训练		

（续）

	内　　容	分值/分	实际得分
考评标准	调研记录内容准确	15	
	对相关信息的采集整理及调研资料的分析认真	20	
	对调查报告的价格比较分析合理	25	
	调查报告有自己独特的意见和特点且具有合理性	25	
	调查过程遵守纪律，注意文明礼貌，礼节符合要求	15	
	合　　计	100	

注：考评满分为100分，60分以下为不及格；60~74分为及格；75~84分为良；85分及以上为优秀。

任务三 核算采购成本

 任务目标

通过采购成本核算能力的训练，使学生掌握成本分析的基本方法，具备在实际采购业务活动中对基本采购成本进行计算和初步分析的能力。

 任务准备

1．将学生分成若干组。

2．准备与采购案例相关的单据资料，包括与供应商签署的采购合同、各种商品实际到货验收入库的单据、因各种原因退货的单据、实际发生的各种仓储费用和其他费用等。

 知识储备

一、采购的成本

采购成本是指与采购原材料部件相关的物流费用，包括采购订单费用、采购计划制订人员的管理费用、采购人员管理费用等。

1．显性成本

根据采购的广义定义可以知道采购的流程：采购计划制订；采购；采购过程监督；对配套生产厂家的生产情况进行跟踪；提货，验货；入库检验；结算；仓储保管；出库配送；供销结算。这些流程所产生的成本属于"看得见"的成本，即可以直接从财务报表中得出或者比较容易分析得出的成本，称作显性成本。按采购的程序，可以将显性成本划分为以下几类：

（1）采购计划制订的成本。采购计划的制订需要专门的人员，就会产生相应的成本。首先，要制订准确的采购计划，必须能够准确地预测和掌握市场部门的需求、销售和生产计划，从而使企业在满足原材料需求的前提下能够最大限度地减少采购资金的占用；其次，对资源市场进行全面分析，调整采购计划，并确认能否按照要求的时间和数量交货。采购计划的制订影响着整个企业的生产和销售环节，因此提高计划制订人员的素质尤为重要。科学的采购计划能够有效降低企业采购的总成本。

（2）材料成本。材料成本是指材料的价格成本。材料成本与材料的供求关系、质量、物流费用都存在着直接关系。由于采购渠道越来越多样化，商品价格和物流服务价格的透明程度越来越低，采购人员采取低买高开、高买高开吃回扣、与供货者沆瀣一气做手脚等方式中饱私囊，给采购企业埋下产品成本膨胀的隐患。因此，控制采购价格、降低采购成本可以从采购渠道建立的角度考虑。应当实施全方位、开放型的采购订货方式，开辟降低供货成本的新途径，减少人为因素造成的损失；应当选择适当的供应商，建立供应商战略联盟关系。总之，企业应当立足降低采购成本，在客观分析市场竞争环境和自身规模以及未来发展目标等基础上，明确企业采购目标，设立严格的供应商绩效评价体系，对供应商进行客观的评价，进行优胜劣汰。

（3）运输成本。应该采用科学、合理、经济的运输方式，减少运输带来的费用。有一定规模的企业应该重视运输环节，选择合适的运输工具，安排合理的运输路线，实现采购过程的专业化，从而节约运费，降低采购成本。小规模的企业可以考虑物流外包策略，节约运输费用，从而节约采购成本，同时也能更加专注于建立企业的核心竞争力。

（4）采购管理成本。组织采购过程中所发生的费用称作采购管理成本，包括招标成本和建设成本。招标成本是指从发出招标要约前进行调查、编制需求建议书、考察和认同供应商到发出要约进行竞标、开标、评标、定标、谈判、批准等一系列活动所发生的全部费用，可占到合同总额的 2%～5%。建设成本是投标报价的主要依据，一般包括前期准备、正式建设、与其他系统的集成、授权、交付与保险、相关手册、对员工管理者的培训等所产生的费用，以及在采购过程中发生的人力成本、办公费用、招待费用、差旅费用等。采购管理成本的发生是为了企业能够节约其他更多的成本费用。因此，选好人、选对人是企业人力资源管理的重要内容。有专业素养和职业道德的采购人员会避免高价采购等不符合经济发展的采购行为，会避免提前采购、超量采购、舍近求远等不经济的采购方式，从而节约企业的采购成本。

（5）检验成本。采购回来的原材料或者半成品都需要进行入库检验，要加强采购物资的入库检验，防止不合格材料或不符合合同约定的材料入库。如果一旦入库后发现产品短缺或者破损甚至是产品品种出现错误，那么企业可能面临的不仅仅是由于质量问题而退换货所发生的费用，还有可能受到缺货所造成的违约损失、顾客流失、信誉损害等成本。

（6）存储成本。存储成本是物资在库存过程中发生的费用。科学地进行仓储管理是降低采购成本的重要环节。建立合理化存储方式，用最经济的办法实现存储的功能。存储时要存放得当，注意易破损产品、易变质产品的存放环境，妥善保管并建立健全的档案，及时对库存商品进行盘查，降低存储成本。一方面储存一定的存货能够减少缺货带来的损失，另一方面由于超量采购所造成的库存的积压也会增加存储成本。因此，采购合理的经济库存量是企业应当提高重视度的一个问题。

2. 隐性成本

管理人员一般非常重视"看得见"的成本，但对悄然增长的隐性成本视而不见。隐性成本是指不容易在财务报表中显现出来的，易被人所忽视，但又十分重要的那一部分成本。隐性成本归纳为以下几类：

（1）时间成本。时间成本是指由于长时间才能响应顾客需求所产生的成本。随着经济的高速发展，消费者的需求变化速度日益加快，提高服务水平成为了降低这类成本的有效措施。供应链管理环境下的采购是 JIT（即时化）的订单驱动模式，旨在即时响应消费者的需求。应用 JIT 模式能够实现同步化的运作。当采购部门接到一个订单时，供应商即开始着手物品的准备工作。与此同时，采购部门制订详细采购计划，制造部门也开始进行生产的准备过程，当采购部门把详细的采购单提供给供应商时，供应商就能很快地将物资在较短的时间内交给用户。当用户需求发生改变时，生产计划又驱动采购订单发生改变，这样一种快速改变的过程缩短了企业响应消费者需求的时间，降低了因为响应时间长而造成的时间成本。

（2）缺货成本。缺货成本是指由于存货耗尽或供货中断等原因而不能满足生产经营正常需要所造成的经济损失。这一类成本虽然在财务报表中不能体现出来，但是一旦发生就会产生很大的经济、名誉损失。一旦产生缺货，企业的生产经营就会有部分或者全面的停滞，会产生违约风险，造成经济损失。同时，企业违约缺货可能造成整个供应链条的停顿，后果是企业不敢再与之合作，企业的名誉受到很大损害。但是，库存过多也不利于企业的发展，一方面会直接导致运输费用的增加，另一方面还占用了企业的发展资金，积压的库存会产生过时、损坏等风险。企业要制定科学的、经济的进货批量，既不会产生库存的积压，也不会造成缺货。

二、采购成本的控制

控制采购成本对一个企业的经营业绩至关重要。采购成本下降不仅体现在企业现金流出的减少，而且直接体现在产品成本的下降、利润的增加，以及企业竞争力的增强。由于材料成本占生产成本的比例往往达到 50%以上，因此，控制好采购成本并使之不断下降是企业降低产品成本、增加利润的重要和直接手段之一。

1. 建立、完善采购制度，做好采购成本控制的基础工作

采购工作涉及面广，主要和外界打交道，因此，如果企业不制定严格的采购制度和章程，不仅使采购工作无章可依，还会给采购人员提供暗箱操作的温床。完善采购制度要注意以下几个方面：

（1）建立严格的采购制度。建立严格、完善的采购制度，不仅能规范企业的采购活动、提高效率、杜绝部门之间扯皮，还能预防采购人员的不良行为。采购制度应规定物料采购的

申请流程、授权人的批准许可权、物料采购流程、相关部门（特别是财务部门）的责任和关系、各种材料采购的规定和方式、报价和价格审批等。比如，可在采购制度中规定，采购物品要向供应商询价、列表比较、议价，然后选择供应商，并把所选的供应商及其报价填在请购单上；还可规定超过一定金额的采购须附上三个以上的书面报价等，以供财务部门或内部审计部门稽核。

（2）建立供应商档案和准入制度。对企业的正式供应商要建立档案，供应商档案除有编号、详细联系方式和地址外，还应有付款条款、交货条款、交货期限、品质评级、银行账号等信息，每一个供应商档案应经严格的审核后才能归档。企业采购必须在已归档的供应商中进行，供应商档案应定期或不定期地更新，并由专人管理。同时，要建立供应商准入制度。重点材料的供应商必须经质检、物料、财务等部门联合考核后才能进入，如有可能要实地到供应商生产地考核。企业要制定严格的考核程式和指标，要对考核的问题逐一评分，只有达到或超过评分标准者才能成为归档供应商。

（3）建立价格档案和价格评价体系。企业采购部门要对所有采购材料建立价格档案，对每一批采购物品的报价，应首先与归档的材料价格进行比较，分析价格差异的原因。如无特殊原因，原则上采购的价格不能超过档案中的价格水平，否则要做出详细的说明。对于重点材料的价格，要建立价格评价体系，由公司有关部门组成价格评价组，定期收集有关的供应价格资讯，以分析、评价现有的价格水平，并对归档的价格档案进行评价和更新。这种评议视情况可一季度或半年进行一次。

（4）建立材料标准采购价格，对采购人员根据工作业绩进行奖惩。财务部对重点监控的材料应根据市场的变化和产品标准成本定期制定出标准采购价格，促使采购人员积极寻找货源，货比三家，不断地降低采购价格。标准采购价格也可与价格评价体系结合起来进行，并提出奖惩措施，对完成公司采购成本下降任务的采购人员进行奖励，对没有完成采购成本下降任务的采购人员，分析原因，确定对其惩罚的措施。

通过以上四个方面的工作，虽然不能完全杜绝采购人员的暗箱操作，但对完善采购管理、提高效率、控制采购成本能够有较大的成效。

2. 降低材料成本的方法和手段

（1）选择付款方式。如果企业资金充裕或者银行利率较低，可采用现金交易或货到付款的方式，这样往往能带来较大的价格折扣。此外，对于进口材料、外汇币种的选择和汇率走势也要格外注意。例如某公司外币存款为美元，2014年从荷兰进口生产线，由于考虑到了欧元的弱势走向，于是选择了欧元为付款币种，从而降低了设备成本。

（2）把握价格变动的时机。价格会经常随着季节、市场供求情况而变动，因此，采购人员应注意价格变动的规律，把握好采购时机。例如某公司的主要原材料聚碳酸酯（PC塑胶），年初的价格为16.8元/kg，而到了八九月份，价格上升到19.6元/kg。如果采购部门能把握好时机和采购数量，会给企业带来很大的经济效益。

（3）以竞争招标的方式来牵制供应商。对于大宗物料采购，一个有效的方法是实行竞争招标，往往能通过供应商的相互比价，最终以底线价格成交。此外，对同一种材料，应多找

几个供应商,通过对不同供应商的选择和比较使其互相牵制,从而使公司在谈判中处于有利的地位。

(4)向制造商直接采购或结成同盟联合订购。向制造商直接采购,可以减少中间环节,降低采购成本,同时制造商的技术服务、售后服务会更好。另外,有条件的几个同类厂家可结成同盟联合订购,以克服单个厂家订购数量小而得不到优惠的劣势。

(5)选择信誉佳的供应商并与其签订长期合同。与诚实、讲信誉的供应商合作不仅能保证供货的质量、及时的交货期,还可得到其付款及价格的关照,特别是与其签订长期合同,往往能得到更多的优惠。

(6)充分进行采购市场调查和资讯收集。一个企业的采购管理要达到一定水平,应充分注意对采购市场的调查和资讯的收集、整理,只有这样,才能充分了解市场的状况和价格的走势,使自己处于有利地位。如有条件,企业可设专人从事这方面的工作,定期形成调研报告。

3. 实行战略成本管理来指导采购成本控制

(1)估算供应商的产品或服务成本。传统的采购管理只强调公司内部的努力,而要真正做到对采购成本的全面控制,仅靠公司内部的努力是不够的,应该对供应商的成本状况有所了解,只有这样,才能在价格谈判中占据主动地位。可以通过参观供应商的设施,观察并适当提问以获得更多有用的资料;甚至为了合作,明确要求供应商如实提供有关资料,以估算供应商的成本。在估计供应商成本并了解哪些材料占成本比重较大之后,可安排一些使自己在价格上有利的谈判,并尽可能加强沟通和联系,即与供应商一起寻求降低大宗材料成本的途径,从而降低企业的材料成本。进行这种谈判,要始终争取双赢的局面。要与供应商建立长期的合作关系,就不能在谈判中把供应商逼到赔钱的地步。

(2)对竞争对手进行分析。对竞争对手进行分析的目的是要明确我方与竞争对手相比的成本态势如何。我方的优势在哪里,对手的优势在哪里,优势和劣势的根源是什么,是源于战略上的差异,还是源于所处的环境不同,或是企业内部结构、技术、管理等一系列原因。然后从消除劣势,保持优势入手,制定在竞争中战胜对手的策略。通过对竞争对手的分析,找到努力的方向,在竞争中保持先机。

4. 定期采购控制法

定期采购控制法是指按照预先确定的订货间隔时间来进行采购,以补充库存的一种采购成本的控制方式。企业根据过去的经验或经营目标预先确定一个订货间隔时间,每经过一个订货间隔时间就要进行订货。每次的订货数量都不同。定期订货方式中订货量的确定方法为

订货量=最高库存量-现有库存量-订货未到量+顾客延迟购买量

定期采购控制法是从时间上来控制采购周期,从而达到控制库存量目的的方法。

定期采购控制法的优点是:由于订货的间隔时间确定,因而多种货物可以同时进行采购,这样不仅可以降低订单的处理成本,还可降低运输成本。另外,这种方式也不需要经常检查和盘点库存,可以节省这方面的费用。其缺点是:由于不经常检查和盘点库存,对商品的库存动态不能及时掌握,遇到突发性的大量需要时容易造成缺货,因而企业为了应对订货间隔

时间内需求的突然变动,往往库存水平都较高。定期采购控制法适用于品种数量大、占用资金较少的企业采购成本控制。

实际上,订货周期也可以根据具体情况来进行调整。例如根据自然日历的习惯,以月、季、年等作为订货的周期;根据供应商的生产周期或供应周期进来行调整等。

5. 定量采购控制法

定量采购控制法是指当库存量下降到预定的最低的库存数量(订货点)时,要按规定的数量(一般以经济订货批量为标准)进行采购补充的一种采购成本控制方式。所以当库存量下降到订货点(也称为再订货点)时,要马上按预先确定的订货量发出货物订单,经过交纳周期,收到订货,库存水平上升。采用定量采购控制法必须预先确定订货点和订货量。通常,订货点的确定主要取决于需求率和订货、到货的间隔时间这两个要素。在商品需求固定均匀和订货、到货的间隔时间不变情况下,不需要设定安全库存。订货点公式为

$$R=LTD/365$$

式中　R——订货点;
　　　LT——交纳周期;
　　　D——每年的需要量。

在商品需求发生波动或者订货、到货间隔时间变化的情况下,订货点的确定方法较为复杂,且往往需要安全库存。

订货量通常依据经济批量方法确定,即以总库存成本最低时的经济批量为每次订货的订货数量。

定量订货方式的优点是:由于每次在订货之前都要详细检查和盘点库存(看是否降低到订货点),能够及时了解和掌握商品库存的动态。因为每次订货的数量都是固定的,而且是预先确定好了的经济批量,方法简便。其缺点是:经常对商品进行详细检查和盘点,工作量大且需要花费大量的时间,从而增加了库存保管的维持成本。该方式要求对每个品种要单独进行订货作业,而这样会增加订货成本和运输成本。定量采购控制法只适用于品种数目少、占用资金大的商品采购成本控制。

6. 经济订货批量控制法

经济订货批量(Economic Order Quantity,EOQ)是指使订单处理和存货占用的总成本达到最小的每次订货数量(按单位数计算)。订单处理成本包括使用计算机的时间成本、订货表格、人工以及新到产品的处置等费用。存货占用成本包括仓储、存货投资、保险费、税收、货物变质以及失窃造成等损失等。无论客户大小都可以采用经济订货批量控制法。订单处理成本随着每次订货数量(按单位数平摊)的增加而下降,因为在全年订货总量一定的前提下每次订货数量增加,相应订单会减少,而存货成本会随每次订货数量的增加而增加,因为会有更多的商品作为存货保管,平均保管的时间相应变长,这两种成本加起来就得到总成本曲线。

经济订货批量用数学公式表示为

$$EOQ=\sqrt{2DS/(IC)}$$

式中　　EOQ——每次订货数量；
　　　　D——年需求量（数量）；
　　　　S——订货成本（金额）；
　　　　I——年存货成本占单位成本的百分比；
　　　　C——商品的单位成本（金额）。

能力培养与训练

1. 实训步骤

（1）教师提供案例：某需求方需采购某产品200t，甲乙两供应商供应产品的质量、交货期和信誉都符合要求。距需求方较近的甲报价为320元/t，运费为5元/t，采购费用支出共200元；乙距离需求方较远，报价为300元/t，运费30元/t，采购费用支出共500元，进行两个供应商采购成本的比较。

（2）各组在采购经理的组织下，进行两个供应商采购成本的计算。

（3）各组选派一名采购员分析采购成本计算过程，宣布选定的合适供应商。

2. 实训评价

"核算采购成本"训练考核评分表，见表6-4。

表6-4　"核算采购成本"训练考核评分表

考 评 人		被考评人	
考评地点			
考评内容	"核算采购成本"训练		
考评标准	具 体 内 容	分值/分	实 际 得 分
	有较强的分析能力，分析过程准确无误	30	
	相关概念清楚，解决问题思路清晰	20	
	计算结果准确，结论正确	20	
	小组成员配合好，体现良好的团队精神	15	
	讲解清晰流畅	15	
	合　　　计	100	

注：考评满分为100分，60分以下为不及格；60~74分为及格；75~84分为良；85分及以上为优秀。

第七单元　采购谈判

生产企业采购的目的在于取得一定的使用价值，满足生产的需要；流通企业采购的目的是为了获取更多的交换价值，即货币的增值，是为了卖而购买，最终的目的是实现利润的最大化；消费品采购的目的主要是为了满足个人的需求，以取得一定的使用价值、欣赏价值、收藏价值等。不同的采购目的会形成不同的采购心理。采购谈判正是为了各自的利益从发生争议到达成协议合作的过程，是各自的目标不能实现而出现分歧加以解决的过程。因此，了解争议双方不同的心理特点，有利于矛盾的解决，使企业的利益得到保证。

任务一　谈判能力与礼仪

 任务目标

通过训练，提高学生的口才、应变与谈判能力，便学生掌握谈判的基本原则，学习必要的礼仪，提高谈判过程中的心理优势。

 任务准备

1．了解不同类型的企业和个人的心理需要，进行必要的社会调查或问题调查，准备好调查问题及资料，以保证在采购谈判中把握主动。

2．对调查结果进行分析和归纳，找到对方的突破口，为在采购谈判中把握主动提供可靠的保证。

3．学生分成若干组，扮演不同的社会角色，要对自己所扮演的角色进行背景资料以及心理准备。

4．各组根据各自准备的资料，虚拟采购合同与争议的问题，准备组织谈判模拟训练。

5. 各组组长检查组员在业务资料、素养风度、心理素质和角色分工等方面的准备工作。

6. 准备图表，见图 7-1、图 7-2 及表 7-1、表 7-2。

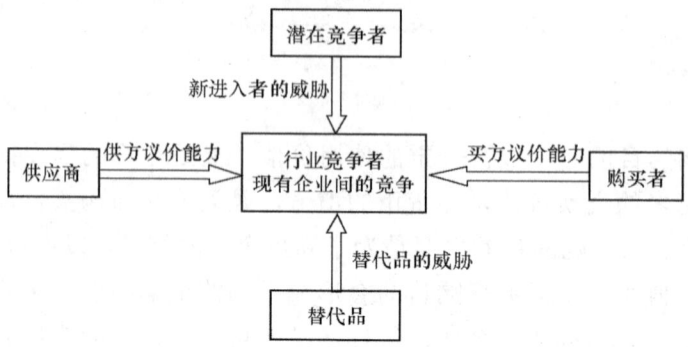

图 7-1　波特五力竞争模型

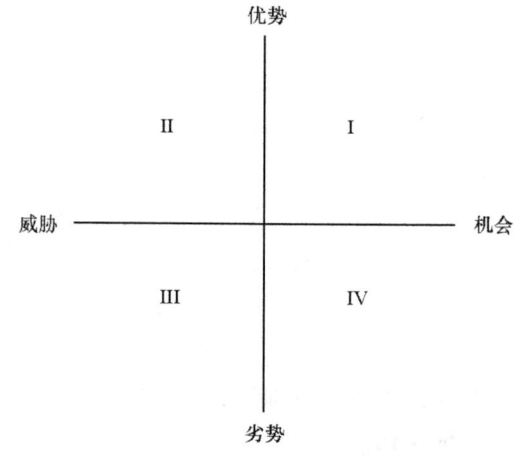

图 7-2　SWOT 模型

表 7-1　谈判内容准备表

谈 判 内 容	谈判出发点	最优期望目标	实际需求目标	可接受目标	最低目标
价格					
品质					
交货					
运输					
包装					
⋮					

表 7-2 谈判可能面对的问题准备表

要素	供应商可能提出的问题	我们的答案	预计的供应商反馈	我们的回应	必要时的让步	优先考虑的事情
价格						
产品						
服务						
其他						

知识储备

1. 采购洽谈概要

（1）定义。洽谈就是为了要达到利益目标，与对方彼此交换意见的协商说服过程。

（2）要素。

1）两个或两个以上关系方。

2）为某种需要或利益，而不是无的放矢。

3）要有一定方式（谈判、交换意见、磋商）。

4）洽谈双方都具备一定的决策权。

（3）特点。

1）期望。

2）自愿。

3）让步、妥协。

4）合作。

（4）类型。

1）温和型。迅速达成协议、效率较高，但结果往往不会令人满意。

2）强硬型。仅强调和考虑自己的利益，通常是利益完全对立的两方间的谈判，较难达成协议，有摊牌的可能。

3）折中型。原则坚定性和方法灵活性的统一，用理智而不是感情来支配谈判，通常能达成较理想的协议，且能避免不必要的麻烦。

2. 洽谈过程

(1) 准备阶段。

1) 内容。

A. 确定议题。

B. 设定谈判目标（最低目标、最高目标）。

C. 确定双方的谈判人员。

D. 准备谈判议程表确定时间、地点、人员。

E. 收集情报、准备材料。

F. 评估己方的实力（知己）。

G. 评估对方的实力（知彼）。

H. 设计多种解决方案。

J. 分工角色及筹划谈判策略。

K. 熟悉场地环境及统一人员着装。

2) 知己知彼。

A. 对方人员的构成及背景和授权分析。

B. 谈判截止日期。

C. 需求的迫切性。

D. 是否多家供货。

E. 是否有潜在的替代选择。

F. 双方公司的规模。

G. 让对方了解我公司的规模及情况，居高临下。

H. 谈判地点的选择。

I. 供应商的成本构成。

J. 买方市场/卖方市场。

K. 供应商的库存状况。

L. 供应商的年度财务及销售状况。

M. 供应商产品的缺点，其竞争对手产品的优点。

(2) 试探阶段。

1) 旁敲侧击，摸清对方的意图和底牌。

2) 尽量隐藏自己的期望值。

3) 调整谈判策略。

(3) 报价阶段。

1) 向对方提出自己的要求，出价要有余地。

2) 尽量让对方先出牌。

3) 辨明真伪。

(4) 还价/僵持阶段。讨价还价，坚持各自的立场。

(5) 拍板完善阶段。

1)经过讨价还价,相互妥协,达成一致。
2)结果:我赢,你输;我输,你输;我输,你赢;我赢,你赢。
(6)签约生效阶段。将达成一致的谈判结果书面化、法定化。
(7)洽谈注意事项。
1)有理、有利、有节。
2)团队配合、协调一致。
3)自信、沉着、良好的心理素质。
4)集中注意力。
5)精力充沛、精神饱满。
6)避免人际冲突,不掺杂私人感情。
7)跨文化的理解能力、思维方式。
8)建立互信关系,塑造诚实的形象。
9)不议论竞争对手。
10)保密与安全。
11)对等原则。
12)会议记录。
13)注意言谈举止,接人待物。

3. 洽谈策略

(1)控制谈判过程与节奏。
1)谈判要围绕着利益与目标,避免感情因素(对方、我方)。
2)选择对己方有利的地点与时间。
3)争取时间,并给予对方时间。
4)果断、直接切题,不要在枝节问题上纠缠。
5)注意谈判的顺序。
6)对谈判结果的预见性,设定撤退策略。
7)谈判不是辩论,谈判追求的不是我赢你输。
8)对事不对人(对问题强硬,对人较弱)。
9)请对方先出牌。
10)针对对方的弱点提问,将回答的问题转入我方强项。
11)需要磋商时及时提出休息,善于根据需要自然地中断会议。
12)使谈判集中于主题,让对方围着你的观点转,把握谈判方向。
13)适当转移话题。
14)确保双方理解对方的立场。
15)适度妥协,原则立场不让步。
16)对方对我方有利的让步,要及时记入会议记录,并要对方签字。
17)限制谈判者的权利,使谈判有回旋余地。

18）确认能否承受谈判破裂，否则应把握谈判临界点，防止摊牌。

（2）从谈判中获得信息。每次与供应商的谈判，都是获得信息的机会，要把握与供应商谈判的每次机会。

（3）关注长期合作关系，顾全全局利益。

1）长期利益。

2）共同利益。

3）综合成本。

（4）建立和谐友好工作关系。

（5）向前看，不要让过去的事阻碍了谈判。

（6）可以让供应商评价其对手及其产品。

（7）确立优势地位，居高临下。调整心理状态，任何时候不能有畏惧心理，要有自信心。

（8）团队协作、角色分工。

1）优势地位：时间、情报、权力。

2）制造竞争气氛。

3）允许对方发泄情绪，树立宽容、大度，但绝非软弱的形象。

4）角色分工：白脸、红脸、老好人。

（9）避免个人争执，气氛不对时可以：

1）沉默。

2）暂时休息。

3）声明。

4）转换话题。

（10）显露自己的专业能力和背景。

1）有利于停止争论。

2）有机会发表意见，益于掌握谈判节奏。

3）要防止弄巧成拙（对于不了解的情况，不要乱发言，不清楚就问）。

（11）交换原则。

1）不轻易让步，让步必须有回报。

2）不过快止步。

（12）原则性谈判（社会习惯、标准、先例）。

（13）采用公平的程序。

（14）有意泄密，提供假情报。

（15）设置最后期限。

（16）拖延时间，坚持自己的立场。

（17）分头摸底、各个击破。

（18）防止供应商联手。

（19）开放式提问。

（20）建议比威胁更有效。

（21）兵不厌诈。

（22）统一口径，防止分而治之。

（23）摊牌的掌握。

1）处于主动地位时，可缩短谈判进程。

2）谈判容易破裂。

3）准备好替代方案。

（24）虚张声势。关键是受到挑战时能坚持下去，而对方无法坚持。

（25）出价要掌握分寸。

1）过低易使谈判破裂。

2）过高会使我方受到损失。

（26）确认对方的决策者及其权利，与决策者直接谈判，同时不让对方了解我方的决策过程。

（27）欲擒故纵，以退为进。

（28）谈判升级，施加压力。

（29）出价不当，由上级出面收回。

【采购谈判方案样本】

1．采购谈判参加人员

采购谈判参加人员包括材料设备部经理、采购主管、财务经理、总经理助理及相关物资的使用人员。

2．采购谈判原则

（1）互利互惠原则。在谈判过程中，不仅要从企业自身的利益出发考虑谈判的方式和技巧，还要换位思考，从对方的利益角度考虑谈判目标的实现，努力实现合同谈判过程中的互利互惠原则，以不损害谈判双方的友好合作关系为前提。

（2）时间原则。时间就是优势，在谈判前和谈判中通过时间技巧掌握谈判的主动权，力求速战速决。

（3）信息原则。信息的掌握情况在很大程度上决定着谈判的成功与否。谈判前要通过各种渠道掌握各类与谈判有关的信息，在谈判过程中通过对谈判信息进行总结、提升，将其转化为谈判的优势。

（4）诚信原则。诚信是谈判成功的基础，是与供应商保持长期良好的合作关系的前提，在谈判中严禁使用涉嫌欺诈的方式和手段。

3．采购谈判目标

谈判目标的具体内容（见表7-3）

表7-3 谈判目标明细表

层次\项目	价格	支付方式	加货条件	运输费用	产品规格	质量标准	服务标准
最优目标							
可接受目标							
最低目标							
目标							

（1）材料设备的质量保证。满足企业的需要，附有产品合格说明书、检验合格证书及物料的有效使用年限证明。

（2）包装。包括内包装和外包装，根据谈判价格确定具体的包装形式，确保采购的材料设备无折损。

(3)价格。合理的采购价格可以给供应商带来销售量的增加、销售费用的减少、库存费用的降低等利好因素。
(4)订购量。根据企业施工实际进度和企业仓储能力确定订购量。
(5)折扣。折扣有数量折扣、付现折扣、季节折扣以及新产品折扣等。
(6)付款条件。综合分析一次性付款、月结付款等付款方式带来的替代效应,选择最有利的付款方式。
(7)交货期。交货期的确定以不影响企业的正常生产为前提,结合企业的货物存放成本考虑,尽量选择分批供货。
(8)售后服务事项。售后服务事项包括维修保证、品质保证、退货等内容。

4．采购谈判准备

(1)信息收集的种类及目的见表7-4。

表7-4 信息收集的种类及目的

序号	种类	目的
1	谈判模式的历史资料	了解供应商上次谈判的模式,掌握其谈判技巧
2	材料设备购买的历史资料	价格的上涨有时意味着材料设备的货源在减少,也可以作为谈判的筹码
3	宏观环境资料	了解政府法令、企业政策等,增强谈判能力
4	供应商情报资料	了解价格趋势、科技重要发明、市场占有率等供应商市场信息,做到知己知彼
5	主要合同条款的起草	起草一份企业熟悉的采购合同,列举出主要的合同条款

(2)议价分析。
1)采购人员在财务部相关人员的帮助下,对物料成本进行专业分析,设置议价底线。
2)进行比价分析见表7-5。

表7-5 比价分析内容

比价项目	内容
价格分析	对相同成分或价格的产品的售后服务进行比较,至少要选取三家以上
成本分析	将总成本分为人工、原料、外包、费用、利润,作为讨价还价的筹码

3)确定实际与合理的价格。

5．采购谈判优劣势分析

(1)企业作为买方的实力。
1)采购数量。
2)主要原料。
3)是否采购标准化或没有差异化的产品。
4)利润。
5)商情的把握程度。
(2)供应商作为卖方的实力。
1)是否独家供应或独占市场。
2)是否供应复杂性或差异化很大的产品。
3)产品转化成本。
(3)替代品分析。
1)替代产品的可选种类。
2)替代产品的差异性。
(4)竞争者分析。

1）所处行业的成长性。
2）竞争的激烈程度。
3）行业的资本密集程度。
（5）新供应商的开发。
1）资金需求量。
2）供应材料设备的差异性。
3）采购渠道的建立成本。

6．采购谈判议程

（1）谈判时间。

时间：2015 年 5 月 18 日～2015 年 5 月 19 日。

每日：上午 8:30～11:30；下午 2:00～5:00。

（2）谈判地点。

地点：×××市×××宾馆×××会议室。

7．采购谈判流程

采购谈判流程见表 7-6。

表 7-6　采购谈判流程

第 一 阶 段	第 二 阶 段	第 三 阶 段	第 四 阶 段
开局	报价	磋商	成交
建立良好的谈判氛围 交换谈判的内容意见 双方进行开场陈述	把握报价原则可以采取书面报价或口头报价的方式 确定合理的报价范围	磋商的形式包括书面和见面，以书面磋商为主 把握磋商的反复性。磋商的过程就讨价还价的过程 在磋商的过程要做适当的让步	达到成交目的的策略，包括最后通牒、折中等 争取完全成交，在完全成交不现实时，可把握部分成交 签署协议。谈判成果只有在协议签署以后才能成立

8．谈判特殊情况的处理

（1）材料设备部经理根据谈判的具体情况从总体上把握谈判的进程，并在自己的权限范围内灵活处理谈判中出现的新情况和新问题。

（2）对于材料设备部经理无法决定的谈判内容，应上报采购总监和总经理进行审核批准。

能力培养与训练

1．实训步骤

（1）组织学生根据教师提出或设计的背景资料分小组抽题，分成买方小组和卖方小组。小组成员分为不同角色进行情景模拟练习。

（2）小组内先分析对方的心理特点和个性特征，设计接待与洽谈的方式，把握对方的心理需求。

（3）分小组进行现场模拟谈判，学生可以根据情景，运用商务谈判技巧、礼仪规范要求与心理对应方法进行模拟谈判。

（4）买卖双方针对小组现场模拟情况互相点评。通过讨论和点评，查缺补漏，统一认识，进一步强化学生对所学知识的理解以及掌握,提高学生的基本技能。

2. 实训评价

"谈判能力与礼仪"训练考核评分表,见表 7-7。

表 7-7 "谈判能力与礼仪"训练考核评分表

考 评 人		被考评人	
考评地点			
考评内容	"谈判能力与礼仪"训练		
	内　　容	分值/分	实际得分
考评标准	对谈判基础知识与人际交往礼仪常识的理解和认识	20	
	对谈判过程礼仪把握的程度和表现	25	
	处理问题恰当到位符合礼仪规范	25	
	应变及综合表现能力	30	
	合　　计	100	

注:考评满分为 100 分,60 分以下为不及格;60~74 分为及格;75~84 分为良;85 分及以上为优秀。

任务二

谈判心理与性格

任务目标

了解并掌握人的心理活动的特点,认识性格对于成功的重要作用,提高采购谈判过程中的主动性。

任务准备

1. 情景:被人撞了一下或者被当众揭短,请同学讨论自己会怎样处理。

2. 请学生写出产生最大的愤怒情绪程度和行为严重程度,思考如何能让自己放松,也请同学对自己的情绪和行为找出一个合理的解释和解决方法。(可请同学表演其中的情景或环节。)

3. 讨论:一个控制不好情绪的人,在处理问题上会产生什么样的结果?请同学们举例证明培养优良性格的重要性。

 知识储备

人的心理本质上是人脑的机能。客观现实是人的心理源泉，人的心理是客观现实的主观印象。实践是人的心理发展的必要条件，人的心理是对客观现实能动的反映，受社会历史发展条件的制约。

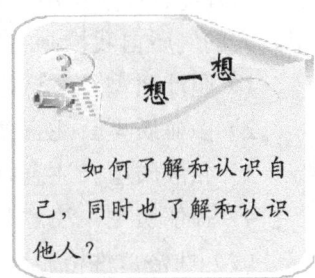

如何了解和认识自己，同时也了解和认识他人？

一、个性的认识

个性是指事物区别于其他事物的特殊本质。人的个性是个体带有倾向性的、本质的、比较稳定的心理特征的总和，包括人的气质、能力、性格、兴趣等。人的个性是不同于他人的特点，调整好自己的心态，同时了解不同人的个性特点，对于在采购谈判中有针对性地进行交易洽谈是十分必要的。采购人员面对不同个性特点的厂家或供应商，应该采取不同的策略使自己在采购过程以及商务谈判中取胜。每一次谈判，每一次商品交易中的价格交涉，同时是一种心理的较量，可称之为心灵之战。把握自己，了解不同人的个性特点，是采购人员必备的业务知识与技能。

1. 个性特点

个体的心理活动既体现人的心理活动的一般规律，又具有个人自己的特点，这就决定了个性的基本特点。

（1）个性的综合性。人的心理活动遵循认识活动、情感活动、意志活动的共同规律。每个人都具有本民族的历史文化、传统习惯和思想感情。同一地域、同一性别、相同职业、相同年龄的人，在个性方面也有许多相近之处。所以，个性具有综合的特点。尽管人们的心理带着个人的色彩，但也有大体相同的心理活动规律。

（2）个性的独特性。一个事物之所以区别于其他事物，是因为其有不同于其他事物的独有特点，区别于其他事物的不同之处。

（3）个性的稳定性。人的个性是相对稳定的。

（4）个性的整体性。人的个性在一个具体的人身上是统一的整体。人在长期的社会生活实践中固定下来的个性心理，有明显的整体性特点。在同一个人身上不会存在着彼此孤立、互不联系的个性特征，组成个性的各种成分必然是互相联系、互相制约的。

（5）个性的倾向性：个体的倾向性体现为兴趣、爱好、需要、动机、志向、信念、态度、价值观、世界观等。这种个性倾向性既是个人的心理活动的诱导因素，又是个人的行为选择的诱导因素。

2. 个性心理特征

个性心理特征包括气质、性格和能力等方面。

（1）气质。气质指某个人典型地表现出心理过程的强度、心理过程的速度和稳定性以及心理活动的指向性等动力方面的特点。心理特性动力方面的特点差异叫气质差异。心理过程

的强度是指情绪的强弱、意志努力的程度。心理过程的速度和稳定性是指知觉的速度、思维的灵活程度、注意集中的时间长短。心理活动的指向性是指体验自己的情绪,分析自己的思想。人的气质自我控制有以下四种类型。

1）胆汁质型。注意锻炼自制力,注意遵守纪律,控制情绪,减少冲动,控制脾气。

2）多血质型。注意做事认真、踏实、坚守信用,克服轻浮和见异思迁。

3）黏液质型。注意办事果断,反应敏捷,耐心听取意见,注意理解。

4）抑郁质型。注意要求自己勇敢、热情、合群,多接触人,多参加活动,增强自信。

（2）性格。性格是一个人对现实的态度以及与此态度相适应的行为方式中比较稳定的、具有核心意义的个性心理特征,具有复杂性、独特性、整体性、持续性的特点。

1）复杂性。复杂性是指性格是人多方面特性的综合,多方面的情况是复杂的,且关系密切。

2）独特性。独特性是指由于各种因素对人影响不同,形成人的不同性格,展现出性格的差别性。

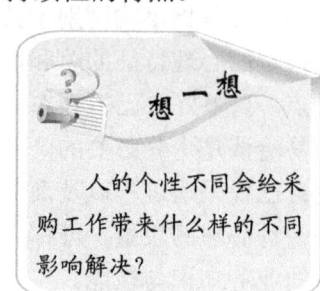

3）整体性。整体性是指构成个人性格的特性不是孤立的,而是有内在联系的统一体。

4）持续性。持续性是指一般情况下性格变化不大,但异常的外界压力会使性格产生变化。

（3）能力。

1）能力概念。能力是指直接影响活动效率,使活动能够顺利完成所应具备的心理特征,反映从事社会实践的本领。

2）能力差异。能力差异是指表现在掌握活动必须具备的知识、技能、熟练程度等动力方面的差别。人的能力是客观存在的,无论是在能力发展上还是在能力类型等方面都有差异性。例如能力发展有快慢之分；能力性质也有差异,有观念差异、观察差异、决断能力差异等；能力类型差异有记忆能力差异、表达能力差异、组织能力差异、操作动手能力差异等。

3）能力类别。一般把能力分为一般能力和特殊能力两大类。一般能力是指在日常活动中表现出的基本能力,如记忆力、观察力、判断力等；特殊能力是指表现在某些专业方面的能力,只适用于特殊活动范围的要求。

二、社会角色知觉理论

角色的认识是社会知觉的理论。作为采购人员有必要认识自己的社会角色,充分扮演好自己的角色,增强责任感与主人翁意识,防止腐败堕落。

1. 社会角色理论

社会角色理论是指一个人通过各种角色的扮演,与他人产生交互作用,参与社会生活,在社会中担任各种适当的角色。

2. 社会角色知觉

社会角色知觉是指人在社会中对自己所处的社会地位,对个人的社会角色有准确的知觉，对于自己的角色行为和社会标准有明确的认识。人们要使自己的行为被社会所承认，就要使自己的行为符合社会规范的行为要求。角色行为是指个人按角色分工而产生的符合角色规范的各种行为。

三、需要与动机

作为采购人员，在采购谈判过程中占据心理主动地位，了解对方的心理需要，把握对方的心理动机，就有机会和有准备地在心理上战胜对方。采购过程或价格谈判本身就是一种合作与互利，如果巧妙地把握住对方的心理，就能在双方各自所得利益中把握好分寸，保护企业利益。价格合理、保证质量的产品或商品的采购，能够体现一个采购人员的业务能力及水平。

1. 人的欲望

（1）欲望的概念。欲望是指人的需要尚未得到满足的一种反映形式。

（2）欲望的特性。欲望的特性包括：①无限性，欲望无止境；②关联性，个体之间紧密相联；③反复性，不满足会重复发生；④竞争性，以较强的、有力的欲望战胜或替代较弱的欲望。

2. 人的需要

（1）需要的概念。需要是人的一种主观状态，是个体在生活中所需的客观事物在人脑中的反映，是指人对某种目标的渴求或者欲望，是主观状态对客观条件的需求。人的需要是多方面的，是随生产力的发展、社会的发展、生活条件的改变而发展和变化的。

（2）需要的产生。主要有生理状态引起的需要，外界环境引起的需要，心理活动引起的需要。

（3）需要的特点。需要的特点包括：①任何需要都有需要对象；②具有周而复始的周期性特点；③随着历史的发展变化而变化。

3. 动机

（1）动机的概念。动机是引起个人行为，维持该行为，并将此行为导向某一目标（个人需要的满足）的过程。动机是心理学的概念，是推动人的行为的直接动因。人的行为是由人的思想、感情、能力和行为动机等多种因素决定的。研究人的动机在于了解人的行为、预测人的行为、控制人的行为。

（2）动机的特性。

1）原发性。人的动机是一种主观的状态，是人活动的原发性动力。人是围绕动机活动来实现目的的。

2）内隐性。在复杂活动中，人的动机是隐藏的，在主观意识的控制下，复杂的动机往往具有多层次的结构。内隐性可细分为：①内隐层：指真正的内心起因。②过渡层：指从事活动的间接目的。③表露层：指从事活动的直接目的。

3）实践性。动机只有通过实践才能真正达到并实现目的。

（3）动机的功能。

1）始发功能是指人的活动是由动机引发而成的，是驱使人产生某种行为的功能。

2）指向功能是指使人的活动沿一定方向，实现预期目的。

3）强化功能是指动机与行为是相互强化、相互作用的。

4. 人的行为

人的行为是极复杂的，心理学研究表明，外界刺激并不必然引起人的机械反应，行为是个体与环境相互作用的结果。一种刺激并不会直接引起人的某种行为，而是通过个体的中介作用才会引起某种反应。

人对刺激的反应有多种情况：同一刺激会对不同的人引起相同的行为反应。同一刺激对不同的人会引起不同的行为反应。这是由个人的知识、经验与心理状态的不同而产生的。不同的刺激分别刺激不同的人，也会引起相同的行为反应。

行为动机的测量方法有两种：①观察法：指在实际生活中或在实验控制的情况下，观察他人的行为。通过观察其追求，选择的道路，对事物的态度等确定个人的动机。②自陈法：通过本人自述和回答问题，了解其动机。自陈法主要包括三种：①问卷法：是指按个人情形回答问题；②选择法：是指在多种情况下选其一；③投射法：是指不让被试者了解测试目的，而通过提示的材料，反映其愿望，推测其动机。

四、期望理论

采购人员学习期望理论的目的在于把握对方成功推销产品或商品的满足程度。针对有经验的厂商与年轻的供应商应分别使用不同的采购策略，把握不同人的期望心理，在采购洽谈中占据有利地位。

1. 期望的概念

按照行为科学的理论观点，期望是一个人根据以往的经验在一定时间里希望达到的目标或满足需要的一种心理活动。期望心理的产生与目标、目标价值及可能性的比较是相联系的。目标和目标价值是驱使人产生期望心理的外在因素；人的能力及经验与达到目标所需的条件相比较，是期望心理产生的内在因素。

2. 期望理论的内容

期望理论认为，一种激励的作用大小是由个人对某种激励因素实现的期望值以及实现对本人的效价大小两个预期因素决定的。其表示公式为

$$激励力量 = 期望值 \times 效价$$

其中，期望值是指个人根据以往的经验，对自己能否实现某种目标的概率估计。效价是指人们评价目标重要程度的高低，也就是实现目标对本人的价值大小。

3. 期望的心理特征

（1）表现为一定的期望概率。期望概率是人的经验和能力的总和，人的期望概率不是凭空想出来的，而是要根据经验判断出来的，有经验的人往往期望概率比较高，也比较准确。

（2）表现为一定的行为动力。期望心理与行为是相互联系的，期望概率高的行为表现的

动力也就更大。

（3）期望心理伴随着客观环境以及目标的变化而变化。

五、挫折问题

采购谈判有时候会成功，有时候会失败，怎样看待成功与失败呢？怎样在失败中汲取养分，为成功铺平道路呢？这是一个采购人员必然要经历的心理过程。

1. 挫折的概念

心理学认为，挫折是一种情绪状态，是指阻挠、失意的意思，具体指当个人从事有目的的活动时遇到了阻碍或者干扰，其动机不能满足时的情绪状态。

2. 挫折的差异性

动机不同引起动机受阻的挫折大小是不同的，动机目的价值的高低影响动机受阻造成的损失大小，影响挫折感的强弱。

3. 挫折产生的原因

挫折产生的原因主要有外在客观因素以及内在主观因素。外在客观因素是指由客观原因引起的，个人能力所不能满足而产生挫折的社会各种影响因素，包括政治、经济、方针、政策和自然因素等。内在主观因素是指由主观原因引起的，个人能力、体力、水平、素质的限制以及生理条件与动机冲突而产生挫折的各种影响因素。

六、人际关系

1. 人际关系的概念

人类生活在社会集体当中，在物质资料的生产过程中形成个人、集体、社会各种社会关系及矛盾。个人、家庭、工厂、学校都是组成社会的细胞，认识这些关系和矛盾，正确处理个人、集体、国家三者之间的利益，是心理学研究的主要课题。人与人之间的心理关系就是人际关系。

2. 影响人际关系的因素

影响人际关系的社会因素主要有社会进步给传统文化带来的冲击、现代社会生活的变化、交往媒介与交往方式的变化、经济改革与结构的调整。影响人际关系的心理因素主要有价值观、思想、态度的相近，兴趣、爱好的一致，距离，交往频率，个性心理特征，需要的互补性。

3. 人际关系的重要性

（1）对团结的影响。人际关系是团结的基础。人际关系的好坏，直接影响和反映一个集体是否团结。不团结的集体就没有力量，就失去了战斗力。在人际关系紧张的集体中，人们钩心斗角，矛盾重重，工作效率低下。

（2）对工作效率及效益的影响。人际关系是工作效率的保证。良好的人际关系可以使人在融洽的氛围中轻松愉快地工作，减少疲劳，发挥积极性和创造性，从而提高工作的效率。

作为采购人员，良好的人际关系能够给企业带来更多的效益。

（3）对身心健康的影响。我国著名的心理学家丁瓒教授说过，人类的心理适应最主要的就是对人际关系的适应。人际关系不同，需要的心理适应也不同。人际关系的心理失调，将会影响人的身心健康。

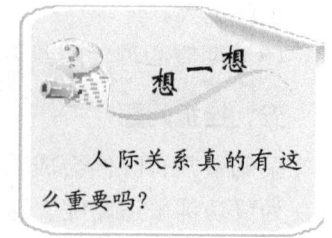

（4）对人的行为的影响。人际关系建立的目的在于满足个人的动机和需要。人不是单纯地与人交往，而是要通过交往影响对方，友好交往有益于良好行为的养成，同时也有利于社会的发展和进步。

4. 采购人员处理人际关系需要注意的问题

采购人员工作的目的是要完成采购任务，为企业的经营或生产选择物美价廉的商品或产品，树立企业的良好形象。与人交往与贸易洽谈是采购人员的主要工作内容之一。因此，在与人交往与业务洽谈中，采购人员要特别注意维护企业与自身的声誉和形象，一切从企业的利益和树立企业形象的角度出发，最终才能实现目标。

 **能力培养与训练**

1. 实训步骤

（1）教师准备组织心理测试的相关内容。

1）"诺亚的方舟"测验。

2）"布置卧室看性格"测验。

3）学生性格测试。

（2）有目的地提出问题并且针对同学的回答进行训练指导。例如，你过去取得的最好成绩是什么？你认为自己的专长是什么？你最缺乏的是什么？你对未来的打算是什么（含今年、明年、后年）？你最喜欢做什么？你认为什么最能激励你？你认为工资多少适合？你的学习成绩是否反映你的才能？你对自己充满信心吗？通过问题回答，引导学生认识性格对于成功的作用。

（3）组织相关活动。

【活动1】

"性格与成功"小小故事会

故事： 张明明在日记里写到，自己自小就是一个很自卑的人，感觉干什么事情都比别人差一截，可同学们眼里的张明明却似乎特别自信。他的成绩在班里名列中游，大学三年，仅仅得过一次三等奖学金，可在准备考研的过程中却一直表现的十分自信。"太自不量力了"，有人这样说。也有人说："还是算了吧，这么差的成绩考什么，烤火还差不多。"张明明付之一笑。尽管每个人都不看好他，但到了考前一个月，众人才突然发现，他全然已是一名真正的种子选手了。

最后的结果连辅导员都有些吃惊,想不到一个在全班 47 人中名列 20 名后的学生能奇迹般地以第三名的成绩考入北航。唯一不吃惊的是张明明自己,他说他从没怀疑过自己考不上。"一个连自己都不相信的人,能干出什么大事呢?"张明明这样说到。

通过故事说明自信对于成功的重要性。自信是一种典型的成功性格。请同学们每人准备一个小故事,介绍他们或他们所知道的成功者的性格及表现特点。

> **议一议**
>
> 教师组织集体心理测试"你给人的第一印象如何",并进行评价。提问:为什么要培养人的优良性格?

【活动 2】

"从习惯看个性"游戏引发问题思考

请对下列问题做出选择:

1. 朋友聚会拍照时,你习惯站在什么位置?
   - A. 第一排
   - B. 中间位置
   - C. 角落
   - D. 最后一排

2. 信手涂鸦时,你大多数情况下会画些什么?
   - A. 角的折线
   - B. 圆圈
   - C. 曲线
   - D. 三角形
   - E. 连环曲线
   - F. 封闭的不规则曲线
   - G. 有棱角的图形
   - H. 不规则线条

3. 你吃鱼的时候从哪里开始下筷子?
   - A. 鱼头
   - B. 鱼尾
   - C. 鱼肚
   - D. 鱼背

解析第 1 题:

选择 A:你争强好胜,充满生命力。

选择 B:你自立意识很强,有领导能力。

选择 C:你谨慎小心,喜欢清静。

选择 D:为人踏实忠厚,很有能力。

解析第 2 题:

选择 A:内心紧张,情绪不稳。

选择 B:胸有成竹,善于策划。

选择 C:朝气蓬勃,随和乐观。

选择 D:思维清晰,判断力强。

选择 E:生活满足舒适,适应力强。

选择 F:争强好胜,事业心强。

选择 G:意志力强,做事坚持不懈。

解析第 3 题:

选择 A:争强好胜,不拘小节,情绪起伏比较大。

选择B：谨慎小心，勤奋努力，有时爱幻想。
选择C：积极主动，竞争力强，善于帮助别人。
选择D：聪明敏捷，性情温顺，富有同情心。

性格是一个复杂的问题，在尽可能比较轻松的情况下完成此项活动，在游戏中自己去领悟其中的道理。教师不必把问题点透，尽量采用启发式教学法。

2．实训注意事项

（1）性格特征对个人的成功有重要意义，实训中应重视对个性的理解和表现，通过测评寻求适宜的评价和指导。

（2）针对实际情况准确把握对自己性格的认识，既要坦然面对，也要注意保护个人隐私。

（3）积极参与活动，正确对待教师的评价。

资料卡

成功的几大计谋

（1）下定决心，以柔克刚。

（2）调整目标，分步到位。

（3）研究对方，面陈其"过"（注意：面陈其"过"要态度诚恳，令人信服）。

（4）坚持主见但不死板，灵活机智。

（5）坦诚致胜。

（6）贸易洽谈切忌去"求"。

3．实训评价

"谈判心理与性格"训练考核评分表，见表7-8。

表7-8　"谈判心理与性格"训练考核评分表

考 评 人		被考评人	
考评地点			
考评内容	"谈判心理与性格"训练		
考评标准	内容	分值/分	实际得分
	对性格的理解和认识	25	
	对性格的自我评价及表现	20	
	对性格问题的讨论，参与小组活动	20	
	积极参与活动，提出解决问题的方法得当及综合表现能力	35	
	合　　计	100	

注：考评满分为100分，60分以下为不及格；60～74分为及格；75～84分为良；85分及以上为优秀。

第八单元 采购合同

采购合同属于买卖合同的一种,是社会经济生活中普遍存在的合同之一,是明确平等主体的自然人、法人以及其他组织之间设立、变更、终止采购物品过程中的权利、义务关系的协议,是确立物品采购关系的法律形式。采购合同依法签订后即具有法律约束力,当事人应当按照约定履行自己的义务,不得擅自变更或者解除合同。

合同签订并不等于业务完成,还要对合同的执行情况进行跟踪,目的是保证合同的执行,减少可能发生的经济损失和经济合同纠纷。检查采购合同的执行情况时,对未按期到货的合同需加强监督。要设置专门机构或专职人员,建立合同登记、汇报检查的制度,以统一保管合同、统一监督和检查合同的执行情况,要及时发现问题,积极采取措施,解决纠纷,保证合同的履行。同时,还可以加强与合同对方的联系,密切双方的协作,以利于合同的顺利实现。

任务一　填写采购合同

任务目标

通过对采购合同的填写训练,了解和认识合同的样本,熟悉签订合同的一般运作过程与编制程序,认清合同的重要性和合同的法律效力,熟悉合同的相关条款及主要内容。

任务准备

1. 准备签订合同前的市场调研资料。
2. 采集多种产品的相关技术资料与价格资料。
3. 采集各种类型的合同资料及范本。
4. 将学生分成若干组,分工准备各种资料及学习相关知识。

知识储备

一、采购合同及其运作过程

1. 采购合同

采购合同是指出卖人转移标的物的所有权于买受人,买受人支付价款的合同。采购合同根据采购商品的要求、供应商的情况、企业本身的管理要求、采购方针的不同而各不相同。企业的采购合同并不是统一的标准格式，一般由双方当事人共同商定，必须要符合相关的法律法规要求。

2. 采购合同的运作过程

（1）合同的制作。合同是一种被供应商认可的、企业采用的具有固定标准的合同格式。采购人员只需要在标准合同中填写相关参数，如物品名称代码、单位、数量、单价、总价、交货期以及一些特殊说明即完成合同制作。价格及质量标准是认证人员在认证活动中的输出结果，已经存放在采购环境中，采购人员的操作对象是物品的下单数量及交货日期，在特殊情况下可以向认证人员建议修改价格和质量标准。拥有采购信息管理系统的企业可以直接在信息系统中生成订单，在其他情况下需要采购人员自行编排打印。

（2）合同的审批。合同审批是订单操作的重要环节，一般由管理办专职人员负责，主要审查的事项为：合同与采购环境物品描述的符合性；合同与订单计划的符合性。审核的主要目的是：限制采购人员依照订单计划在采购环境中操作；不可选择采购环境以外的社会供应者；价格为指定价格；交货期要在一定范围内，并符合订单计划的物品数量及到货日期要求。

（3）合同的签订。经过审批的订单合同，即可传至供应商确认并且盖章签字。签订合同的方式有以下四种。

1）与供应商面对面签订合同，买卖双方现场盖章、签字。

2）采购人员使用传真将打印好的合同传至给供应商，且供应商以同样的方式传回。

3）使用 E-mail 进行合同签订，买方向供应商发合同 E-mail，表示买方已经签字，卖方返回合同 E-mail，则表示接受合同并完成签字。

4）建立专用的合同信息管理系统，完成合同信息在买卖双方之间的传递。

（4）合同的执行。在完成合同签订之后，即转入合同的执行期。如果合同提前或延缓执行，则要征得供应商的同意，并且要加强与供应商的沟通。对于加工型供应商，要进行备料、加工、组装、调试等过程；对于储存型供应商，只需从仓库调集相关物品予以适当处理，即可发送至需求方。采购人员需要丰富的工作经验，才能控制好库存水平。

二、采购合同的主要条款

1. 品质条款

品质是物品所具有的内在质量与外观形态的综合，包括各种性能指标和外观造型。品质条款的主要内容有：技术规范、质量标准、规格、品牌名等。品质控制的方法有两种：使用实物或样品；使用设计图纸或说明书。在使用样品确定品质时，卖方（供应商）提供的物品品质要同样品完全一致，必要时买方（采购方）可以封存样品。在使用设计图纸或说明书确定品质时，卖方（供应商）提供的物品品质要符合设计图纸或说明书的要求。

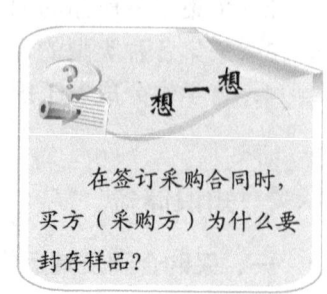

想一想

在签订采购合同时，买方（采购方）为什么要封存样品？

2. 价格条款

价格包括单价和总价。单价是指每一计量单位交易物品的货币数值，总价是指全部交易物品的货币总值。价格条款的主要内容包括：一计量单位物品的价格金额、货币类型、交货地点、物品定价方式、价格风险、价格税赋和国际贸易术语。其中，物品定价方式有固定价格、浮动价格和后定价格等。

3. 数量条款

数量是指采用一定的度量制度对物品进行量化，表示出商品的重量、个数、长度、面积和容积等。数量条款的主要内容有：交货数量、单位、交货的地点与时间、计量方式、交货数量的超出或不足（即交货数量的正负尾差）。

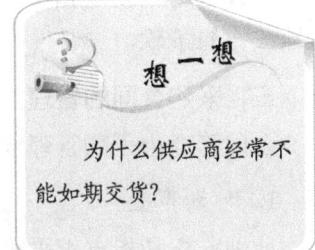

想一想

为什么供应商经常不能如期交货？

4. 包装条款

包装条款的主要内容包括：包装标识与商标、包装尺寸与重量、包装方式与方法、包装材料、填充物、包装成本、分拣运输标志、包装质量及环保要求等。

5. 装运条款

装运是指把货物装上运载工具并运送到交货地点的活动。装运条款的主要内容包括：运输方式、装运时间、装运地与目的地、装运方式（分批、转运）、装运通知等。

6. 检验条款

在一般的买卖交易中，物品的检验是指按照合同条款对交货进行认真检查和验收，涉及质量、数量和包装等条款。在国际贸易中，商品检验是指由商品检验机构对进出口商品的品质、数量、重量、包装、标记、产地、残损和环保要求等进行查验分析与公证鉴定，并出具检验证明。国际贸易检验条款的主要内容有：检验机构、检验权与复验权、检验与复验的时间、地点、检验标准、检验方法、检验证书等。

7. 支付条款

支付是指采用一定的手段，在指定的时间、地点，使用确定的方式支付货款。

8. 保险条款

保险是指企业向保险公司投保并交纳保险费，货物在运输过程受到损失时，保险公司向企业提供经济上的补偿。保险条款的主要内容包括：确定保险类别及其保险金额，指明投保人并支付保险费。

9. 不可抗力条款

不可抗力是指在合同执行过程中发生的、不能预见的、人力难以控制的意外事故，如战争、洪水、台风、地震等，致使合同执行过程被迫中断。遭遇不可抗力的一方可因此免除合同责任。不可抗力的主要条款包括：不可抗力的含义、适用范围、法律后果和双方的权利义务等。

10. 仲裁条款

仲裁条款具体体现为仲裁协议，是指买卖双方自愿将其争议事项提交第三方进行裁决。仲裁协议的主要内容包括：仲裁机构、适用的仲裁程序、仲裁地点和裁决效力等。

11. 法律适用条款

法律适用条款是指买卖双方在合同中明确说明合同适用何国何地法律的条款。

三、采购合同的管理

合同管理由采购管理专职人员操作，主要包括以下 7 个方面。

一句话

合同要放好，合同具有法律效力！

1. 计划审查

计划审查是指审查采购计划是否在规定的时间内转化成订单合同。在签订合同时，要按照合同法有关规定严格审查，确保签订的合同合理合法。

2. 合同审批

合同审批是指审查合同号、数量、单位、币种、发运目的地、供应商和到货日期等。

3. 合同签订准备

合同签订准备是指在签订合同之前，应当认真研究市场需要的和货源情况，掌握经营情况、库存情况和合同对方单位的情况，依据购销任务，收集各方面的信息，为签订合同、确定合同条款提供信息依据。

4. 合同跟踪

合同跟踪是指检查采购合同的执行情况，对未按期到货的合同研究对策，加强监督。应当设置专门机构或专职人员，建立合同登记、汇报检查制度，统一保管合同，统一监督和检查合同的执行情况，及时发现问题，采取措施，解决纠纷，保证合同的履行。同时，可以加强与合同对方的联系，密切双方的协作，以利于合同的顺利执行。

5. 缺货预测

缺货预测是指与计划人员一起操作，根据生产需求情况，推测可能产生缺货的物品采购合同，研究对策并实施。

6. 合同纠纷处理

合同纠纷处理是指根据实际采购情况，妥善处理合同变更、合同提前终止、合同纠纷等。合同纠纷的解决办法有：买卖双方协商解决、第三方调解解决、仲裁机构仲裁解决、司法机关组织诉讼解决。

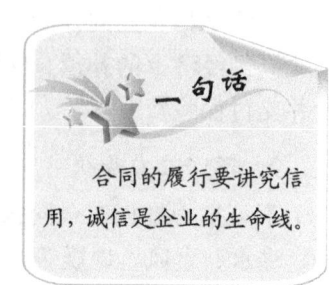

一句话

合同的履行要讲究信用，诚信是企业的生命线。

7. 信守合同

合同的履行情况不仅关系到企业经营活动的顺利进行，而且也关系到本企业的声誉和形象。

能力培养与训练

1. 实训步骤

(1) 供需双方企业代表签订合同小组按合同基本条款设计合同,并分组填写。

(2) 教师提供部分合同范本,提出合同相关条款资料及要求。

(3) 学生完成某设备产品采购合同基本条款的填写。

2. 实训评价

"填写采购合同"训练考核评分表,见表8-1。

表8-1 "填写采购合同"训练考核评分表

考评人		被考评人	
考评地点			
考评内容	"填写采购合同"训练		
考评标准	内容	分值/分	实际得分
	清楚合同的主要设备产品的内容,认识合同的重要性及对基本条款内容的把握	20	
	明确合同的主要条款与相关法律条款的关系	20	
	清楚签订合同的一般运作过程与编制程序	25	
	合同的填写字迹清楚、规范、工整	15	
	对合同基本款编制填写过程中出现的问题能及时解决,懂得合同的管理	20	
	合 计	100	

注:考评满分为100分,60分以下为不及格;60~74分为及格;75~84分为良;85分及以上为优秀。

任务二　签订采购合同

 任务目标

通过训练,使学生懂得合同签订过程中的礼仪规范,掌握合同签订的基本条款、一般程序及操作规范。

 任务准备

1. 草拟采购合同。

2. 准备合同相关资料。
3. 熟悉采购合同签订程序。
4. 将学生分成若干组，分工准备各种资料及学习相关知识。

知识储备

一、采购合同的签订

1. 签订采购合同应遵循的原则

（1）合同的当事人必须具备法人资格。这里的法人是指有一定的组织机构和独立支配财产，能够独立从事商品流通活动或其他经济活动，享有权利和承担义务，依照法定程序成立的企业。

（2）合同必须合法，也就是必须遵照国家的法律、法令、方针和政策签订合同，合同内容和手续应符合有关合同管理的具体条例和实施细则的规定。

（3）坚持平等互利、充分协商的原则签订合同。

（4）当事人应当以公司代表的名义签订采购合同。委托他人代签的，必须要有委托证明。

（5）采购合同应当采用书面形式。

2. 签订采购合同的程序

签订采购合同的程序是指合同当事人对合同的内容进行协商，取得一致意见后，双方签署书面协议的过程。一般有以下五个步骤：

（1）订约提议。订约提议是指当事人一方向另一方提出订立合同的要求或建议，也称要约。订约提议应提出订立合同所需具备的主要条款和希望对方答复的期限等，以供对方考虑是否订立合同。提议人在答复期限内不得拒绝承诺。

（2）接受提议。接受提议是指对方接受订约提议，双方对合同的主要内容表示同意，经过双方签署书面契约，合同即可成立，也称承诺。承诺不能附带任何条件，如果附带其他条件，应认为是拒绝要约，而提出新的要约。新的要约提出后，原要约人变成接受新的要约的人，而原承诺人成了新的要约人。实践中签订合同的双方当事人，就合同的内容反复协商的过程，就是要约→新的要约→再要约→……直到承诺的过程。

（3）填写合同文本。

（4）履行签约手续。

（5）报请签约机关签证或报请公证机关公证。对于有些采购合同，法律规定应获得主管部门的批准或工商行政管理部门的签证。对没有法律规定必须签证的合同，双方可以协商决定是否签证或公证。

二、采购合同实例

【样本1：商业采购合同】

商 业 合 同

合同号：

日　期：

买方：电报：_____　电传：_____

卖方：电报：_____　电传：_____

按本合同条款，买方同意购入、卖方同意出售下述货品，谨此签约。

1. 品名、规格、单位、数量、单价、总价、总金额：

2. 原产国别和生产厂：

3. 包装：须用坚固的木箱或纸箱包装。以宜于长途海运/邮寄/空运及适应气候的变化，并具备良好的防潮抗震能力。由于包装不良而引起的货物损坏或由于防护措施不善而引起货物锈蚀，卖方应赔偿由此而造成的全部损失费用。包装箱内应附有完整的维修保养、操作使用说明书。

4. 装运标记：卖方应在每个货箱上用不褪色油漆标明箱号、毛重、净重、长、宽、高并书以"防潮""小心轻放""此面向上"等字样和商标。

5. 装运日期：

6. 装运港口：

7. 卸货港口：

8. 保险：装运后由买方投保。

9. 支付条件：分下述三种情况：

   9.1 信用证：买方收到卖方交货通知（详见本合同第11条），应在交货日前15~20天，由_____银行开出以卖方为受益人的与装运全金额相同的不可撤销信用证。卖方须向开证行出具100%发票金额即汇票并附装运单据（见本合同第10款）。开证行收到上述汇票和装运单据即予以支付（电汇或航邮付汇）。信用证于装运日期15天内有效。

   9.2 托收：货物装运后，卖方出具即期汇票，连同装运单据（见本合同第10条），通过卖方所在地银行委托其在买方所在地的分行或代理行收取买方贷款。

   9.3 直接付款：买方收到卖方装运单据（见本合同第10条）后7天内，以电汇或航邮向卖方支付货款。

10. 单据：

    10.1 海运：全套洁净海运提单，标明"运费付讫"/"运费预付"，做成空白背书并加注目的港_____公司。

    10.2 空运：空运提单副本一份，标明"运费付讫"/"运费预付"，寄交买方。

    10.3 航邮：航邮收据副本一份，寄交买方。

    10.4 发票一式五份，标明合同号和货运商标（若货运商标多于一个，发票须单独开列，发票根据有关合同详细填写）。

    10.5 由厂商出具的装箱清单一式两份。

    10.6 由厂商出具的质量和数量保证书。

    10.7 货物装运后立即用电报/信件通知买方；此外，货发出10天内，卖方将上述单据（第10.5条除外）航空邮寄两份，一份直接寄卖方，另一份直接寄目的港_____公司。

11. 装运：

    11.1 FOB条款：

    11.1.1 卖方于合同规定的装运日期前30天，用电报/信件将合同号、品名、数量、价值、箱号、毛重、装箱尺码和货抵装运港日期通知买方，以便买方租船订舱。

    11.1.2 买方船运代理_____公司（电报：_____），负责办理租船订舱事宜。

    11.1.3 租船公司或其港口代理（或班轮代理），预订船达装运港10天之前，即将船名、预订装货日期、合同号等通知卖方以便卖方安排装运。要求卖方与船方代理保持密切联系。当需要更换运载船舶及船舶提前、推迟抵达时，买方或其船方代理应及时通知卖方。若船在买方通知日后30天内尚未抵达，则第30天后仓储费和保险费由买方承担。

    11.1.4 若载运船舶如期抵达装运港，卖方因备货未妥而影响装船，则空舱费和滞期费均由卖方承担。

11.1.5 货物越过船舷并从吊钩卸下之前，一切费用和风险由卖方承担；货物越过船舷并从吊钩卸下，一切费用和风险由买方承担。

　　11.2 CFR 条款：

　　　　11.2.1 在装运期内，卖方负责将货物从装运港装运至目的港。不允许转船。

　　　　11.2.2 货物经航邮/空运时，卖方于本合同第 5 条规定的装运日前 30 天，以电报/信件把交货预定期、合同号、品名、发票金额等通知买方。货物交办发运，卖方即刻以电报/信件将合同号、品名、发票金额、交办日期通知买方，以便买方及时投保。

12. 装运通知：货物已经全部装船，卖方应将合同号、品名、数量、发票金额、毛重、船名和启航日期等立即以电报/信件通知买方。若因卖方通知不及时致使买方不能及时投保，卖方则承担全部损失。

13. 质量保证：卖方保证所供货物系由最好的材料兼以高超工艺制成、商标为新的和未经使用的，且质量和规格符合本合同所做说明。自货到目的港起 12 个月为质量保证期。

14. 索赔：自货到目的港 90 天内，经发现货物质量、规格、数量与合同规定不符者，除那些应由保险公司或船方承担的部分外，买方可凭_____出具的商检证书，有权要求更换或索赔。

　　卖方担保货到目的港起 12 个月内，使用过程中由于材料质量低劣和工艺不佳而出现的损坏，买方立即以书面形式通知卖方并出具_____商检局开列的检验证书，提出索赔。商检证书乃索赔的依据。按买方索赔要求，卖方有责任立即排除货物缺陷、全部或部分更换货物或根据缺陷情况将货物做降价处理。

15. 不可抗力：在货物制造和装运过程中，由于发生不可抗力事故致使延期交货或不能交货，卖方概不负责。卖方于不可抗力事件发生后，即刻通知买方并在事发 14 天内，以航空邮件将事故发生所在地当局签发的证书寄交买方以为证据。即使有此情况下，卖方仍有责任采取必要措施促使尽快交货。不可抗力事故发生后超过 10 个星期而合同尚未履行完毕，买方有权撤销合同。

16. 合同延期和罚款：除本合同第 15 条所述不可抗力原因外，卖方若不能按合同规定如期交货，按照卖方确认的罚金条款支付，买方可同意延期交货，付款银行相应减少议定的支付金额，但罚款不得超过迟交货物总额的 5%。卖方若逾期 10 个星期仍不能交货，买方有权撤销合同，尽管合同已撤销，但卖方仍应如期支付上述罚金。

17. 仲裁：凡涉及本合同或因执行本合同而发生的一切争执，应通过友好协商解决，如果协商不能解决，则可提交_____仲裁委员会根据该会暂定的仲裁法则和程序进行仲裁。仲裁将在_____进行，仲裁裁决是终局，对双方都有约束力。仲裁费用由败诉方承担。仲裁可在双方均能接受的第三国进行。

18. 附加条款：本合同原本两份，经双方签字，各执一份，谨此声明。

买方：_____　　　　　　　　　　　　　卖方：_____

【样本 2：原材料、零部件采购合同】

合同号_____

兹由买方_____公司和卖方_____公司于____年____月____日签订合同，各方同意买卖有关商品并遵守各项条件如下：

1. 商品：商品代码：_____说明：_____备注：_____

2. 原产地：原产地：_____生产厂商：_____

3. 质量：

　　3.1 卖方应按买方认可的产品供货。未经买方事先书面同意，不得对产品本身或生产场地有任何改变。

　　3.2 卖方应严格按经买方认可的，体现于相应的图纸、菲林、样本、CAD 软件及品质协议等当中的质量和技术规格要求生产或供应货品。如有任何改变，买方负责知会卖方更新有关图纸或菲林等，卖方严格跟进相关的变化。

　　3.3 卖方应不断改进其品质，愿意配合买方不断提高各自的品质体系，达到品质目标。

　　3.4 买方提出的任何质量投诉，卖方应立即采取行动予以改进，并在 24h 内反馈给买方。

　　3.5 卖方应主动、积极地参加买方发起的质量改进活动，如质量免检等，以利于共同进步。

3.6 卖方应保证所有生产或供应的货品均符合有关环保法规要求。

4. 订单安排：

    4.1 买方向卖方发出订单（PO）采购货品，卖方应严格按其时间和数量交货。实际销售的货品数量由买卖双方定期依据实际收货数量核对确定。

    4.2 卖方对采购商提供的订单应在 24 工作小时内予以确认，并通过传真或电子邮件反馈给买方。

    4.3 卖方不断改进其企划表现，确保100%的供应可靠性，缩短供应时间，提高供货或订单变化的灵活性，愿意配合买方一道通过引入计算机系统等不断提高其企划系统。

    4.4 卖方应主动、积极地参加买方发起的有关企划改进活动，如 JIT（即时供应）等，以利于共同进步。

5. 价格及付款：

    5.1 买卖双方均应不断改进，通过提高质量与效率等来降低成本及价格，并让利给用户。双方确认努力保持这种降低成本的趋势，每年至少检查一次价格。

    5.2 买卖双方同意在第 5.4 款和 8.2 款所明确的交货与付款条件下遵循以下价格：

    代码说明——单价——币种——数量——总计——以上单价含税_____%

    5.3 任何价格变化须经双方同意，确定生效日期，有关的订单或销售通知（如有的话）应与最新的双方同意的价格一致。

    5.4 付款条件：在收到卖方开具的正本发票后_____天内用电汇或信汇的方式付款。此条件等同于_____天结算。

6. 支持与合作：

    6.1 买卖双方确认依照采购商的采购方针，通过共同努力，向合作伙伴的方向发展目前的_____关系（商业型、优先型、合作伙伴型）。

    6.2 卖方确认配合买方通过执行由买方发起的供应商考核、供应商质量体系审核，即供应商改进会议等不断保持进步，达到有关质量、企划及价格等目标。

    6.3 买方将每季度评估一次供应商的表现，更新其可供应商名册及供应商关系（商业型、优先型、合作伙伴型），如卖方表现不符合要求，买方将会反馈给卖方督促其改进。

    6.4 为发展新业务，买方鼓励合作伙伴型供应商早期介入买方的产品开发过程，卖方不得因此合作而收取费用。

    6.5 如买方提供了有关的设备、工具、测试仪器、模具等给卖方，卖方应妥善保管，正确使用及维护，如有任何严重损坏应在 24h 内用传真或电子邮件正式知会买方，并经买方同意立即采取正确措施予以修复。

7. 包装：

    7.1 所有货品应按标准或买方认可的包装规格，用强度足够的卡通箍、塑料袋或桶、瓶等容器包装，适应长途海运、邮寄、空运或汽车运输以及气候变化的要求，防潮、防震。

    7.2 包装说明：代码说明_____每件数量_____包装方法_____。

    7.3 交运货品时应同时随货提供一份完整的装箱单或发货票，标明订单号、商品代码、数量及货品说明等。

    7.4 货品说明、代码及数量应清楚地标注在每件外包装及必需的内包装外面。

8. 发运及交货：

    8.1 所有货品发运应严格符合买方发出的订单中明确的要求。

    8.2 交款条款：

    8.3 卖方必须在装船/运完毕后 24h 内，以电报或传真向买方通知货物名称、数量、毛重、船名、航班号及起运日期、预计到达时间等。

    8.4 对于工厂交货的情况，买方应通过订单提前知会卖方提货时间等，卖方按要求做好发货准备。

    8.5 对于买方提供的需循环使用的包装、运输材料、工具或设备等，卖方应予妥善保管，正确使用与维修。

9. 保险：

9.1 在 FOB 或 CFR 条件下，货品装运后由买方投保。

9.2 在 CIF 条件下，由卖方出资按 110%发票金额投保。

10. 检验：

10.1 卖方应随货或提前将有关的出货检验报告或证明提供买方备查。

10.2 买方按上面所述各方同意的质量、技术规格、订货及包装要求进行收货并做来货检验。

10.3 若来料不符合要求并确定退货，退货需按要求由卖方拉走或买方退出，本地货品一周内、国外货品一个月内退定。

10.4 若来料不符合要求，使用紧急而被确定挑选，则卖方应立即组织挑选或由买方直接组织挑选，因此发生的费用由卖方承担。

11. 索赔：

11.1 除应由保险公司或船运公司承担的赔偿外，对任何涉及质量、技术规格或数量等方面不符合经双方同意的有关条款要求的情况，买方有权索赔予以补偿。因此而发生的费用如检验、退货运输、补货费用、保险、仓储、装卸等应由卖方负担。

11.2 一旦不符合的情况发生，买方将书面通知卖方，卖方有责任立即采取改进行动，防止问题再次发生。

12. 不可抗力：

12.1 若卖方因不可抗力，包括罢工、火灾、水灾、政府行动或禁令、其他任何不可合理控制的理由，不能按商定要求按时供货，卖方应在事先两天内知会买方，并在事发 14 天内邮寄由当地政府签发的事发证明给买方。

12.2 即使不可抗力事件发生，卖方仍有责任采取一切可能措施恢复供货。若卖方在事发后两周内仍不能履行合同责任，买方有权按合同弃权处理。

13. 违约或取消会员：

13.1 若卖方未能履行合同所定的任何重要条款，如无合理解释，买方有权终止合同或拒收货品。

13.2 若买方要取消或终止合同或订单，而其理由超出卖方所能接受的范围，卖方有权要求赔偿损失。

14. 纷争解决：

14.1 本合同双方当事人在履行合同时发生的一切争议均应通过友好协商解决，如不能解决，双方当事人可选择仲裁或法院诉讼方式解决。

14.2 双方选择仲裁时，应另行达成仲裁协议，并确定仲裁机构。

14.3 如果选择诉讼，应按中国法律的规定确定受理案件的诉讼法院。

15. 其他：未经允许，任何一方不得将对方的商业秘密或其他情报以口头、书面出示或其他任何方式借用、转让或泄漏给第三方。对于 OEM 及分包产品，如有必要，双方可另立知识产权协议。

本合同中英文一式两份，由双方在原件上签字，各执一份。

授权签字：

买方：＿＿＿＿＿＿＿＿＿＿　　卖方：＿＿＿＿＿＿＿＿＿＿　　日期：＿＿＿＿＿＿＿＿＿＿

【样本 3：工矿产品购销合同】

工矿产品购销合同

供方＿＿＿＿＿＿＿＿＿＿　　合同编号：＿＿＿＿＿＿＿＿＿＿

需方＿＿＿＿＿＿＿＿＿＿　　签订地点：＿＿＿＿＿＿＿＿＿＿

签订时间： 年 月 日

一、产品名称、商标、型号、数量、金额、供货时间及数量

产品名称	牌号商标	规格型号	计量单位	数量	单价	金额	交提货时间及数量			
							合计			

合计人民币金额（大写） _____

二、质量要求技术标准

三、供方对质量负责的期限

四、交（提）货方式

五、运输方式及到达地（港）和费用负担

六、合理损耗计算方法

七、包装标准、包装物的供应与回收和费用负担

八、验收方式及提出异议期限

九、随机备品、配件工具数量及供应办法

十、结算方式及期限

十一、如需提供担保，另立合同担保书，作为本合同附件

十二、违约责任

十三、解决合同纠纷的方式

十四、其他约定事项

供　　方	需　　方	鉴（公）证意见：
单位名称（章）：	单位名称（章）：	
单位地址：	单位地址：	
法定代表人：	法定代表人：	
电　话：	电　话：	
开户银行：	开户银行：	
账　号：	账　号：	经办人　　鉴（公）证机关（章）
邮政编码：	邮政编码：	

【样本4：北京市工业品买卖合同】

合同编号：_____

出卖人： 签订地点：_____

买受人： 签订时间：_____

第一条：标的物＿＿＿＿＿＿＿＿＿＿＿＿＿＿＿＿＿＿＿＿＿＿＿＿＿＿＿＿＿＿＿

标的物名称	商　标	规格型号	生产厂家	计量单位	数　量	价　款	
						单价／元	总价／元

合计人民币金额（大写）：　　　　　　　　　　　　　　　　　　　　￥：

第二条：质量要求：＿＿＿＿＿＿＿＿＿＿＿＿＿＿＿＿＿＿＿＿＿＿

第三条：包装标准、包装物的提供与回收：＿＿＿＿＿＿＿＿＿＿＿

第四条：随附必备品、配件、工具的数量及提供办法：＿＿＿＿＿＿

第五条：合理损耗标准及计算方法：＿＿＿＿＿＿＿＿＿＿＿＿＿＿

第六条：标的物所有权自交付时起转移，但买受人未履行支付价款义务的，标的物仍属于出卖人所有；标的物毁损、灭失的风险自交付时起由买受人承担。

第七条：交付（提取）标的物或提取标的物单证的方式、时间、地点：＿＿＿＿＿＿

第八条：运输方式及到站（港）和费用负担：＿＿＿＿＿＿＿＿

第九条：验收标准、方法、地点及期限：＿＿＿＿＿＿＿＿＿＿

第十条：成套设备的安装与调试：＿＿＿＿＿＿＿＿＿＿＿＿＿

第十一条：出卖人对标的物质量负责的条件及期限：＿＿＿＿＿＿

第十二条：结算方式、时间及地点：＿＿＿＿＿＿＿＿＿＿

第十三条：担保方式（也可另立担保合同）：＿＿＿＿＿＿＿＿＿

第十四条：本合同解除的条件：＿＿＿＿＿＿＿＿＿＿＿＿＿＿

第十五条：出卖人违约责任：＿＿＿＿＿＿＿＿＿＿＿＿＿＿＿

　　　　　买受人违约责任：＿＿＿＿＿＿＿＿＿＿＿＿＿＿＿

第十六条：合同争议的解决方式：本合同项下发生的争议，由双方当事人协商解决；也可由当地工商行政管理部门调解；协商或调解不成的，按下列第＿＿＿种方式解决：（只能选择一种）

（一）提交仲裁委员会仲裁；（二）依法向人民法院起诉。

第十七条：本合同自＿＿＿＿＿＿＿＿＿＿＿＿＿＿＿＿起生效。

第十八条：其他约定事项：＿＿＿＿＿＿＿＿＿＿＿＿＿＿＿＿

出卖人		买受人	
出卖人（章）：	营业执照号码：	买受人（章）：	营业执照号码：
住所：		住所：	
法定代表人：	委托代理人：	法定代表人：	委托代理人：
电话：	传真：	电话：	传真：
开户银行：	账号：	开户银行：	账号：
税号：	邮政编码：	税号：	邮政编码：

【样本5：设备产品采购合同基本条款】

一、简要说明

（1）设备产品采购合同基本条款规定了需方（以下简称甲方）和中标方（以下简称乙方）应共同遵守的基本原则，是双方签约的依据。对于合同的其他条款，双方应本着互谅互让的精神，在谈判中协商解决。

（2）制定合同基本条款的依据是《中华人民共和国合同法》。

二、设备条款

招标文件、投标文件及评标委员会确认的设备技术要求、质量标准、数量和交货日期等应作为本条款的基础。

三、技术资料
（1）甲方应向乙方提供所需设备、所属装置、产品等有关技术资料。
（2）乙方应按合同规定的时间向甲方提供供货商品的有关技术资料。

四、质量保证
（1）乙方应按合同规定的设备性能、质量标准向甲方提供未经使用的全新设备或产品。
（2）乙方提供商品的质量保证期为现场验收合格之后_____个月。如甲方不能及时安装，最长不超过自到货之日起_____个月。在保证期内因设备类商品本身的质量问题发生故障，乙方应负责免费修理和更换零部件。如乙方提供商品达不到甲方的使用要求，经双方协商，可采取相关办法处理。

五、验收
（1）乙方交货前应按合同规定的检验方法，做出全面检测，把记录附在质量证明书内。但有关质量、规格、性能、数量或重量的检测不应视为最终检测。乙方检验的结果和详细要求应在质量证明书中加以说明。
（2）对重要设备，按合同规定由甲方负责，甲乙双方共同验收。对一般设备，由甲方验收。设备到货后，甲方应由_____天内验收完毕。

六、设备发运、包装及运输
（1）乙方在交货前将合同号、设备名称、数量等用电报或传真通知甲方。
（2）商品在运输中因包装不善造成的问题均由乙方承担责任。按规定包装箱外应用不褪色的油漆刷上清楚的包装标志。对无包装的设备应系有金属标识。对重量超过_____t以上的货物，应表明重心所在位置。
（3）运杂费按招标书要求办理。

七、交货期及交货方式
按招标书要求办理。

八、付款方式
按招标书要求办理。

九、违约责任
按《中华人民共和国合同法》有关规定，加以双方规定。

十、不可抗力事件处理
（1）在执行合同期限内，任何一方因不可抗力事件所致而不能履行合同，则合同履行期可延长，延长期与不可抗力影响期相同。
（2）不可抗力事件发生后，应立即通知对方并寄送有关权威机构出具的证明。
（3）不可抗力事件延续_____天以上，双方应通过友好协商，确定是否继续履行合同。

十一、仲裁
双方在执行合同过程中所发生的一切争议，应通过协商解决。如协商不成，应向工商行政管理部门提交仲裁，也可直接向人民法院起诉。

十二、合同生效及其他
合同经双方签字并加盖公章后生效。

能力培养与训练

1. 实训步骤
（1）以小组为单位，扮演供需双方，模拟采购合同的签订。
（2）准备采购合同的模拟范本，包括产品品种、价格、产品说明等相关资料。
（3）教师提供相关资料说明及要求，如下所示：
中标人在收到《中标通知书》后，按《中标通知书》中规定的时间、地点签订采购合同。

买卖双方共同承认的招标文件、投标文件及评标过程中形成的书面文件均作为签订采购合同的依据。

中标人在规定的时间内向招标人交履约保证书一份。履约保证书保证金额为中标总额的_____%。如中标人在整个履行合同过程中无违约行为,则不需支付违约保证金。违约保证书在合同执行完毕(含质量保证期)后自然失效。

如中标人拒签合同,投标人可根据投标货物的具体需要自行编制其他文件一式_____份,纳入投标文件。如中标人违约,招标人可从中标候选人中重新选定中标单位,组织供需双方签订经济合同。签订合同后,按国家有关部门制定的标准,中标人向招标人交纳中标服务费。中标服务费标准为中标总金额的_____%。

所有与本招标文件有关的函电请按下列通信方式联系:

招标单位:_____ 通信地址:_____
邮　　编:_____ 电报挂号:_____
电　　话:_____ 传　　真:_____
E-mail:_____
联 系 人:_____

2. 实训评价

"签订采购合同"训练考核评分表,见表8-2。

表8-2 "签订采购合同"训练考核评分表

考评人		被考评人	
考评地点			
考评内容	"签订采购合同"训练		
考评标准	内　　容	分值/分	实际得分
	明确合同的主要条款及知晓相关法律条款	25	
	签订合同符合一般运作过程和程序	25	
	懂得合同签订过程中的礼仪规范和法律条文的执行	20	
	签订合同过程中问题解决得当及综合表现能力	30	
	合　　计	100	

注:考评满分为100分,60分以下为不及格;60~74分为及格;75~84分为良;85分及以上为优秀。

小思考 1

盲目投标赔款案

2015年,某军分区看到承包工程利润大、营利快,就组织施工处召集民工,参与了地方修建公路的招标。他们既不了解国家法律明文规定的标价下限,又未经过法律服务部门依法论证该项目的可行性,就盲目以低于法定标价下限的价格投标而取得该工程的施工权。结果工程完工后,该军分区不但没挣到钱,还赔了380万元。一时之间,军分区大楼里挤满了要账的民工,军分区首长一方面觉得窝囊,一方面认为工程是自己包的,合同是自己签的,价格也是自己投标定的,赔了也得认。最后,他们向法律寻求援助。律师肖云审看了合同后,立刻查找有关资料,并到公路管理部门咨询,最后认定该合同是个不合法的合同,其规定的造价仅为国家标准价格的 1/3,从发包到承包均不符合法律规定。在这种情况下,原承包合同无效,而无效合同对实现履行者的补偿应当依法对实现履行标的进行鉴定和估价,也就是说要重新依法定价,确定工程款。通过法律手段打赢了这场官司,该军分区得到了全额的经济补偿,不但付清了全部工程款,还净挣 30 多万元。

你从这个案例中,看到了哪些应当引起重视的问题,你是否已认识到合同的重要性?应从中汲取的经验教训是什么?

小思考 2

签订合同前的思考

假如你是销售经理,某日下午接到某大型企业采购部陈部长的电话。他在电话中声明,他有急事去北京,并且短时间内回不来,要求你立刻去机场见面,商谈有关 GSM 入网的事。你认为这是一个难得机会,终于在他登机前 20min 赶到机场。他表明,若你能以最优惠的价格供应,他愿意跟你签订一年的合同,且涉及业务量很大。在这种情况下,你该怎么办?

小思考 3

合同签字前的额外要求

你与竞争对手为一项业务激烈竞争了很长时间,现在马上就要签合同了。但在签合同时,买家又提出一个要求:免费提供账单。每个账单号要 10 元/月,公司有年底免费提供的打算。面对这签字前的额外要求,你该怎么办?

任务三

跟踪采购合同

任务目标

通过训练,使学生进一步熟悉采购合同的内容和主要条款以及合同签订的流程,掌握采购合同跟踪的方法及策略。

任务准备

1. 准备几份已签订的合同样本。

2. 组织学生分成若干组，每组 4～5 人，分工进行合同的整理与保管，以及合同履行情况的检查。

3. 教师设定合同履行过程中出现的问题若干。

4. 分组对合同履行过程出现的问题进行分析，并提出解决问题的方法。

5. 准备现场模拟签订合同过程及合同履行过程问题解决方法。

知识储备

合同跟踪是采购人员的重要职责。合同跟踪的目的有三个方面：促进合同的正常执行；满足企业的物资需要；保持合理的库存水平。在合同执行的过程中，合同、需求、库存三者会产生矛盾，采购人员要恰当地处理好三者之间的关系，这是对采购人员业务素质和能力的考察。

1. 采购合同的跟踪过程

（1）合同执行前的跟踪。在采购环境中同一物资有几家供应商可供选择，采购人员应在合同执行前密切跟踪每个供应商的动态。例如因时间变化，供应商可能提出改变合同条款的要求，在价格、质量、交货期等方面提出改变。作为采购人员，应要及时了解情况进行沟通，确认可选择的供应商。例如对供应商难以接受的订单，不可以勉强，应该另择供应商，对供应商正式签订的合同要及时存档，以备查阅。

（2）合同执行过程的跟踪。合同执行过程的跟踪一般要注意以下事项：

1）严密跟踪。严密跟踪供应商的物资准备情况，保证订单的正常进行。如果发现问题要及时沟通，及时解决。

2）紧密响应生产的需求形式。如果因市场生产需求紧急，而对物资供应提出紧急要求，要立即到货时，应该积极与供应进行协调，必要时可以协助供应商解决问题。如果市场需求出现滞销，也要与供应商进行沟通，确认可以承受的延缓时间，终止本次订单操作，同时赔偿供应商相应损失。

3）慎重控制库存。既不能让生产缺料，又要保证最低的库存，这是一个具有挑战性的问题，体现采购订单人员的水平。

4）控制好物资的验收环节。物资到达订单的交货地点，对国内供应商来讲一般指到达企业原材料的库房；对国外供应商来讲一般指到达企业的国际物流中转中心。采购订单操作者必须按订单对到货的物品、批量、单价、总金额进行二次确认，录入归档，即刻开始办理付款手续。

（3）合同执行后的跟踪。在按照合同规定的支付条款对供应商进行付款后，需要进行合同的跟踪。如果供应商没有收到货款，采购人员有责任督促财务人员在不违反流程规定的前提下加快操作，否则会影响企业的信誉。对在运输或检验的过程中出现的小问题，可以由采购人员与供应商进行联系和解决。

（4）合同跟踪的分析管理主要包括以下四个功能：

1）采购业务的跟踪查询。供应厂商的选择与资料建立是否存档，合同是否执行，采购方式是否确定并且执行，采购的进度、供应商的物资供应是否有异常。用采购进度控制表来监控采购的进度。

2）商品到货的情况了解。采购物资是否按时、按质、按地到达，检验是否规范，检验结果及结果处理。

3）业务员的业绩与分析。采购人员是否按既定进度完成任务，采购完成的质量及客户的评价情况。

4）能力的评价。以上几项完成状况的能力考核。

2. 采购合同的解除

合同生效以后，还会遇到各种情况，冲击合同的效力，影响合同的履行。应该根据具体情况，采取不同的解决办法。

（1）合同的解除。合同的解除一般可以分为以下两种情况：

1）对方解除合同。首先，要了解对方解除合同的原因并且确定此行为是否合理；其次，如果对方解除合同的理由是因为己方违约所致，则应该采取补救措施；再次，如果解约是不可抗力所致，则可以变更合同；最后，如果系无理解约，则可以通过协商或者提起诉讼进行解决。

2）己方解除合同。己方解除合同时必须坚持有理、有据的原则，并且用书面形式及时通知对方，说明理由。

（2）履行挫折。在合同的履行过程中，常常会遇到各种干扰或者挫折，主要有主观和客观两方面的原因。如果履行挫折是由于客观原因所致，当事人应该再次谈判，实事求是地面对新情况、解决新问题、达成新协议。如果是由于主观原因所致，谈判解决不成，只有根据合同中争议解决条款来解决。

（3）经济索赔。谈判签约的目的在于全面、正确地履行合同，以实现各自的利益。但是在实际经济生活中常常有违约情况发生。在发生此种情况需要进行索赔时，当事人应该先明确责任，提出相关的索赔凭据，确定索赔范围和金额，制定索赔的方案。索赔的方式有协商、调解、仲裁或司法解决等。

3. 采购合同跟踪需要注意的事项

（1）合同的跟踪过程，要注意供应物资的质量、货期的变化，需要对认证合同的条款进行修改的，要及时提醒办理人员，以利于订单操作。

（2）注意保存好各类数据，可以采用计算机软件管理系统进行管理，将合同进展情况录入计算机，借助计算机自动管理合同的跟踪。

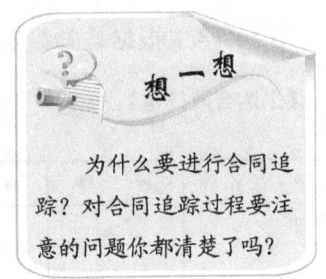

想一想

为什么要进行合同追踪？对合同追踪过程要注意的问题你都清楚了吗？

（3）供应商历史表现数据对采购人员采购及合同跟踪具有重要的参考价值。应该掌握采购环境中供应商表现数据的情况及变化，辅助采购决策和合同跟踪，促进企业利益最大化。

相关资料

公司信用管理政策规定一般包括

（1）前言：指出制定信用管理规定的原因和目标。

（2）管理结构：明确信用管理部门的职责；规定有关问题报告程序。

（3）信用关系建立程序：信用管理怎样建立；是否对小额订单规定用现款交易；怎样让新客户同意标准付款条件；特殊付款条件的安排。

（4）信用评估程序：确立新客户的信用额度；对不同金额信用额度的信息渠道进行评定；不同人员对不同信用额度的审批权限。

（5）收账程序：与收账有关的人员的职责和权限；收账措施及其实施人员；收账阶段管理；商业惩罚措施和法律措施。

（6）客户问题解决程序：客户疑问登记程序；客户疑问的解决程序和时间规定；各级人员解决客户疑问的职责。

（7）信用额度审查程序：监控信用额度的程序；增加或减少信用额度的规定；重新审查的程序。

（8）坏账处理程序：客户破产时的坏账处理程序；客户拒不付款的坏账处理程序。

（9）信用管理文件格式：信用关系建立申请表；确认建立信用关系的标准信函（一般客户）；确认建立信用关系的标准信函（特殊客户）；拒绝提供商业信用但提出采用现款交易的信函；标准催账信函（一般客户）；标准催账信函（特殊客户）；客户疑问登记和解决文件（登记表、要求业务部门解决的备忘录）；电话催账记录表；信用额度重新审核文件。

能力培养与训练

1. 实训步骤

（1）学生根据教师给定的相关资料，完成采购合同。采购合同样本见下。

【采购合同样本】

产品采购合同

产品名称	规格	单位	数量	含税单价	含税金额	备注
合计金额	人民币			万 仟 佰 拾 元 角 分 ¥		

一、付款方式：转账、托收承付、汇票、银行承兑、现金。

二、质量、技术要求标准：符合相关医疗器械管理法规的规定，卖方保证血糖仪在保质期内的质量。无质量问题不退货、不换货。

　　三、卖方所供产品如有破损，买方需在到货后十五日内向卖方提出书面异议，经卖方核实后，买方退回原货，卖方负责换货。如发生途损或丢失，由买方凭货运记录证明向卖方提出书面异议。

　　四、交货地点。

　　五、如买卖双方需进行查询对账时，双方有义务协助对方开展查询工作。

　　六、双方必须互相提供一证一照复印件并加盖单位行政公章。

　　七、合同争议的解决方式：双方协商解决或按经济合同法等法律条款解决。

　　八、本合同双方代理人签字并加盖单位公章或合同专用章后，即生法律效力。

供方单位（章）：　　　　　　　　　　　需方单位（章）：
电话：　　　　　　　　　　　　　　　　电话：
开户行：　　　　　　　　　　　　　　　开户行：
账号：　　　　　　　　　　　　　　　　账号：
委托代理人：　　　　　　　　　　　　　委托代理人：

（2）教师给定情境，各组填写合同履行跟踪表（见表8-3），完成合同跟踪。

表8-3　合同履行跟踪表

合同履行情况	合同名称			
	对方主体		合同编号	
	受托负责人		合同价款	
	生效日期		终止日期	
合同履行计划	交付项			
	计划交付时间计划验收时间			
合同的实际履行情况	验收项： 未按计划履行项及原因： 　　　　　年　　月　　日			
有无遗留问题及解决方案				
已付款项目				

（3）各组分别汇报合同跟踪的进展工作。

（4）各组互评，教师点评。

2．实训评价

"跟踪采购合同"训练考核评分表见表8-4。

表 8-4 "跟踪采购合同"训练考核评分表

考 评 人			被考评人	
考评地点				
考评内容	"跟踪采购合同"训练			
考评标准	内　　容		分值/分	实 际 得 分
	采购合同填写		30	
	对合同内容的把握		20	
	合同履行跟踪表填写		30	
	跟踪合同进展情况表述		20	
	合　　计		100	

注：考评满分为100分，60分以下为不及格；60~74分为及格；75~84分为良；85分及以上为优秀。

第九单元　采购货款结算

货款结算是整个采购业务过程中至关重要的一个环节,能否按时支付货款是供应商最关心的一个问题,如果企业总是找各种理由来拖延到期应付给供应商的货款,往往会引起供应商的不满,还会导致供应商停止供货,甚至会使企业卷入法律纠纷。所以,订货、包装、运输、销售等所有前期工作是否有一个圆满的结果,关键在于货款能否结算清楚、顺利到账,从而使整个营销处于一种良性循环之中。付款虽然是财务部门的工作,但是采购部门是主要的协作部门,并且如果供应商的货款被拖欠,供应商往往首先会找采购人员,而不是财务人员。因此,货款支付虽是整个采购工作的末端环节,但是它直接影响下一次的采购业务,更重要的是它体现了一个企业的诚信程度,是一个企业的社会形象,这对于一个企业来讲是非常至关重要的。

任务　　结算采购货款

任务目标

通过供应商货款的结算业务训练,使学生掌握货款结算的一般步骤、经常使用的货款结算方式及货款结算的具体操作方法,具备填写常用货款结算单据的能力。

任务准备

1. 学生每6人一组进行训练,其中采购人员2人、供货商甲单位代表1人、供货商乙单位代表1人、财务2人,角色可以互换。
2. 准备采购案例与相关资料,包括各种不同的供应商、采购人员所持的结算表格、合同等案例资料。

知识储备

一、货款的结算方式

1. 支票

(1) 支票的概念。支票是指出票人签发一定的金额,委托银行或其他金融机构见票无条件支付应给收款人或持票人的票据。支票涉及出票人、付款人和收款人三方当事人,付款人仅限于办理支票存款业务的金融机构,出票人须是该金融机构的存款户,出票人签发的支票金额须在其存款余额或与付款人约定的透支额度以内,如果不足支付,即构成空头支票,付款人(金融机构)可以拒绝付款,出票人应承担相应法律责任。付款人必须是支票的债务人。

(2)支票的分类。主要有4种常用的支票,包括转账支票、现金支票、普通支票和划线支票。

1)转账支票。支票上印有"转账"字样的为转账支票,转账支票只能用于转账,不能提取现金。转账支票的常见式样如图9-1、图9-2所示。

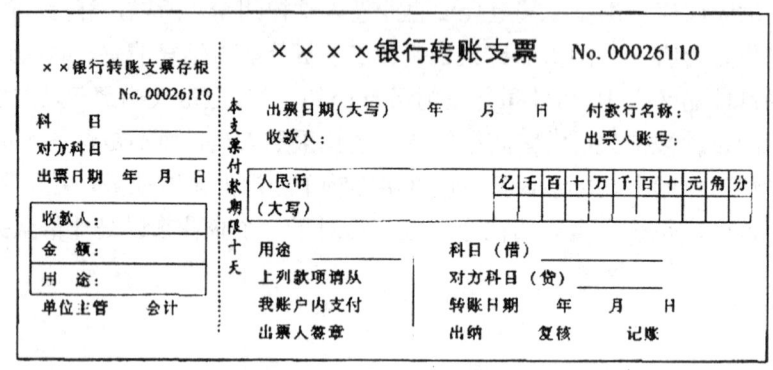

图9-1 转账支票正面式样

图9-2 转账支票背面式样

2)现金支票。支票上印有"现金"字样的为现金支票,现金支票既能支取现金,又可办理转账。现金支票常见格式如图9-3、图9-4所示。

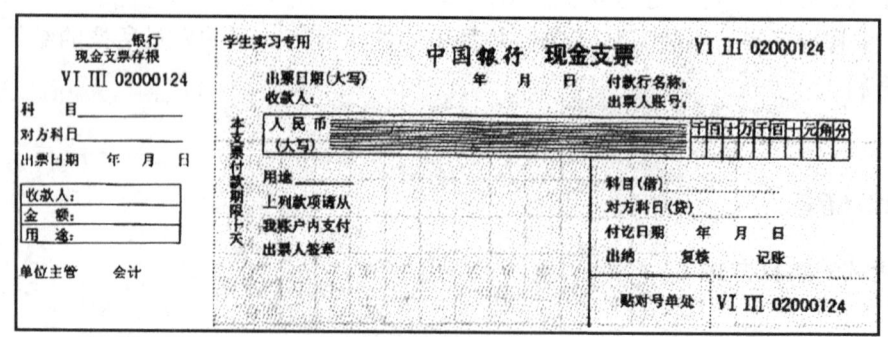

图9-3 现金支票正面式样

付款券别登记

券别 / 数额 / 单位	一百元	五十元	十元	五元	二元	一元	五角	二角	一角	五分	二分	一分	小计	收款人签章
捆（千张枚）														
把（百张枚）														
张（枚）														

图 9-4　现金支票背面式样

3）普通支票。支票上未印有“现金”或“转账”字样的为普通支票，普通支票可用于支取现金，也可用于转账。

4）划线支票。普通支票左上角有两条平行线的为划线支票，划线支票只能用于转账，不得支取现金。

（3）支票的内容。支票上必须载明的事项包括：①表明为“支票”字样；②确定金额；③无条件支付委托；④付款人名称；⑤出票日期；⑥出票人签章。未记载上述事项的支票无效。不同金融机构所发行的支票，其格式内容基本相同，最常用的是现金支票和转账支票。

（4）支票的使用与填写。支票一般为同城使用。单位和个人在同一票据交换区域内进行各种款项的结算，均可使用支票。出票人禁止签发空头支票，不得签发与其预留银行签章不符的支票，不得签发支付密码错误的支票。出票人签发空头支票、签章与预留银行签章不符的支票或者使用支付密码错误的支票时，银行会予以退票，并且按票面金额处以 5% 但不低于 1 000 元的罚款；持票人有权要求出票人赔偿支票金额 2%的赔偿金。

支票的提示付款期限是自出票日起 10 日内，但是中国人民银行另有规定的除外。超过提示付款期限的，出票人开户银行不予受理，付款人不予付款。

凡是有银行支票户头的单位或者个人在进行大宗商品购销时均可用支票方式进行款项结算。有的商场和超市为了安全起见，通常规定支票购物要等三天后资金到账方能提货。常见的货款支票结算步骤为：

对于收取支票方，首先对支票真伪进行审核，检查支票质地与完好程度，印鉴是否清晰，辨别真假。支票在紫光灯下应有荧光反应，部分银行支票有密码。检查支票日期是否超过有效期，支票的期限有效期为自开出支票日起 10 日。

对于给付支票方，首先核查购货合同，依据实际验收入库的商品数量和约定的价格，对货款进行结算，然后按照要求准确规范地填写支票。

支票填写的要点主要包括以下五个方面：

1）支票必须使用碳素墨水笔或签字笔一次填写，不得涂改。

2）填写日期必须使用中文大写的数字。在填写月、日时，月为壹、贰和壹拾的，日为壹至玖和壹拾、贰拾、叁拾的，应在其前面加写“零”字；月为拾至拾贰，日为拾至拾玖的，应在其前面加写“壹”字。例如 10 月 20 日，应该写成“零壹拾月零贰拾日”。

3）收款人的名称应填写收款单位的规范全称。例如“北京××商城股份有限公司”。特别注意不能填写收款单位的简称。

4）支票金额的中文大写和阿拉伯数字应同时记载，并且大小写数字金额必须保持一致。

大写数字金额应顶格（紧接着"人民币"三个字）书写，不得使用简写；小写数字金额前须冠以人民币符号"￥"。

5）用途一般填写"预付款"或"货款"等。

注意现金支票和转账支票的填写项目和基本要求。转账支票的填写式样如图9-5所示。

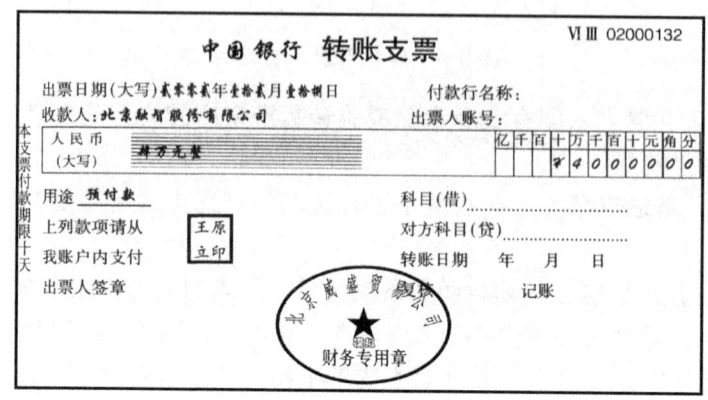

图9-5 转账支票的填写式样

2. 汇票

（1）汇票的概念。汇票是由出票人签发的，委托付款人在见票时或者指定日期无条件支付一定金额给收款人或持票人的票据。汇票是一种支付命令。汇票的当事人涉及出票人、付款人和收款人，汇票对收款人资格可以不加限制。

（2）汇票的分类。

1）按信用性质不同可分为：①银行汇票；银行汇票由银行签发并付款；②商业汇票，商业汇票的出票人和付款人必须是具有法人资格的公司、企业，按承兑人不同，商业汇票可分为银行承兑汇票和商业承兑汇票。

2）按付款期限不同可分为：①即期汇票，持票人只要在合理时间内提出付款，付款人就应立即付款；②远期汇票，出票人与付款人约定在签发票据后一定期限或特定日期进行汇款。

3）按有无附属单据可以分为：①光票，光票不附带货运单据，只要出示汇票本身，付款人就应该付款，银行汇票多为光票；②跟单汇票，跟单汇票附有货物装运单据（提单、保险单、发票、商检证书、出口许可证、检疫证书等），出示附属单据后付款人才会付款，其信用程度高，国际贸易中多为跟单汇票。

4）按记载收款人的不同可分为：①记名式汇票，记名式汇票的收款人特定，须经背书后票据才可以转让；②指示汇票，指示汇票未确定最终收款人，经背书可转让指示人；③无记名式汇票，无记名式汇票又称来人式汇票，谁持有汇票谁就拥有票据权利，并且凭交付即可转让。

（3）汇票的内容，按照《中华人民共和国票据法》规定，汇票必须要记载以下事项：表明是"汇票"的字样；无条件支付的委托；确定的金额；付款人名称；收款人名称；出票日期；出票人签章。汇票填写必须要清楚、规范、准确，否则汇票无效。

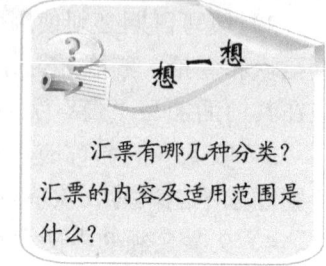

想一想

汇票有哪几种分类？
汇票的内容及适用范围是什么？

付款日期可为见票即付、定日付款、出票后定期付款和见票后定期付款；未记载付款日期的，为见票即付。

（4）汇票的使用。

1）银行汇票的使用。根据现行结算办法，单位或者个人需要支付款项，可以将款项交存当地银行，由银行签发银行汇票，见票时按照实际结算金额无条件支付给收款人或持票人，多用于办理异地结算或者支取现金。

已经在银行开立账户的法人之间根据买卖合同进行商品交易，可使用商业汇票。签发商业汇票必须以合法的商品交易为基础。持票人可以持未到期的承兑汇票向开户银行申请贴现，银行扣除贴现日至到期日的利息，付给持票人现款，取得汇票。

汇票的填写式样如图 9-6～图 9-8 所示。

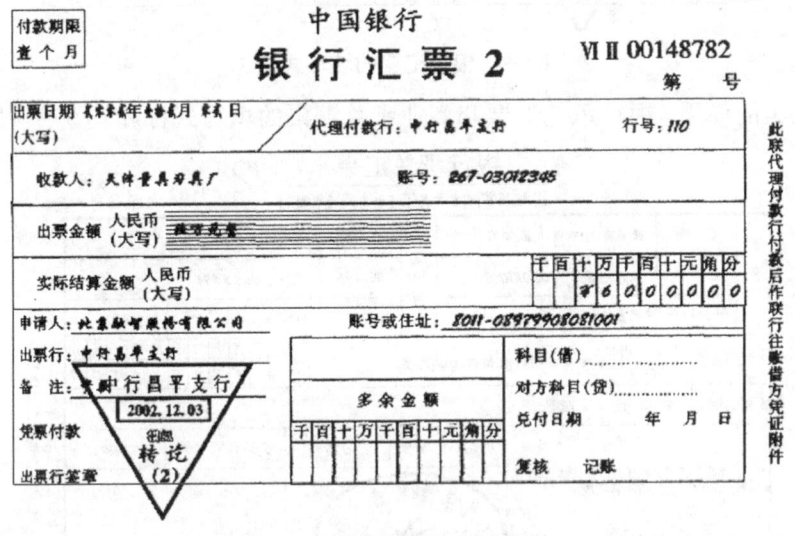

图 9-6　银行汇票的填写式样 1

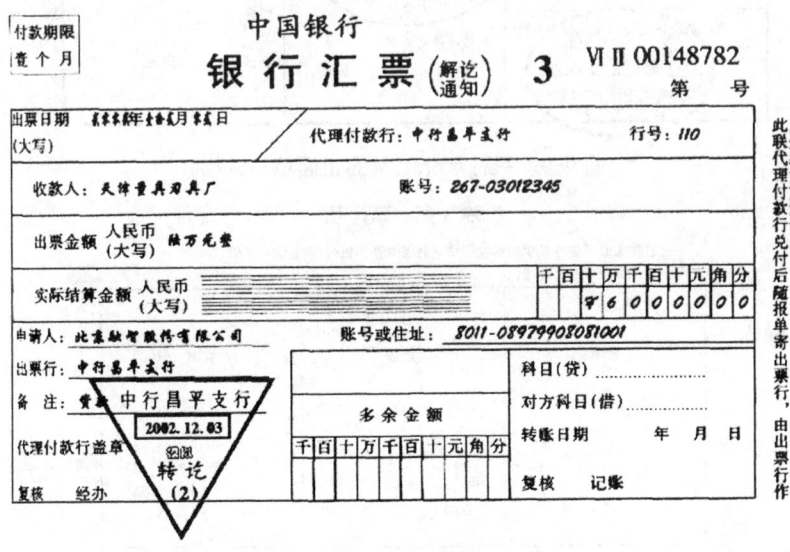

图 9-7　银行汇票的填写式样 2

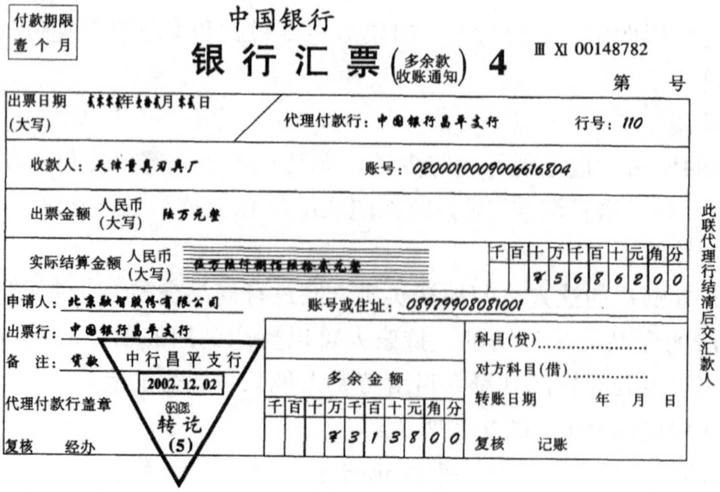

付款期限 壹个月

中国银行
银行汇票（多余款收账通知） 4 Ⅲ XI 00148782
第 号

出票日期（大写） 贰零零贰年壹拾贰月零贰日 代理付款行：中国银行昌平支行 行号：110

收款人：天津曼真刀具厂 账号：0200010009006616804

出票金额 人民币（大写） 陆万元整

实际结算金额 人民币（大写） 伍万陆仟捌佰陆拾贰元整 千百十万千百十元角分 ¥56862 00

申请人：北京融智股份有限公司 账号或住址：08979908081001

出票行：中国银行昌平支行 科目（贷）……

备 注：货款 多余金额 对方科目（借）……

代理付款行盖章 千百十万千百十元角分 ¥31380 0 转账日期 年 月 日

复核 经办 复核 记账

中行昌平支行 2002.12.02 模拟 转讫 （5）

此联代理行结清后交汇款人

图 9-8 银行汇票的填写式样 3

2）承兑汇票的使用。银行承兑汇票和商业承兑汇票的填写式样如图 9-9～图 9-14 所示。

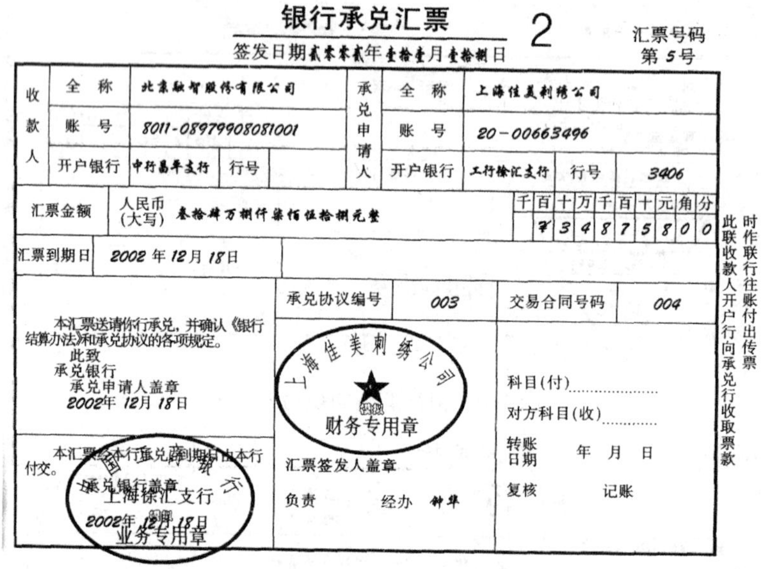

银行承兑汇票 2
签发日期贰零零贰年壹拾壹月壹拾捌日
汇票号码 第5号

收款人	全称	北京融智股份有限公司		承兑申请人	全称	上海佳美刺绣公司	
	账号	8011-08979908081001			账号	20-00663496	
	开户银行	中行昌平支行	行号		开户银行	工行徐汇支行	行号 3406

汇票金额 人民币（大写） 叁拾肆万捌仟柒佰伍拾捌元整 千百十万千百十元角分 ¥34875800

汇票到期日 2002年12月18日

承兑协议编号 003 交易合同号码 004

本汇票送请你行承兑，并确认《银行结算办法》和承兑协议的各项规定。
此致
承兑银行
承兑申请人盖章
2002年12月18日

上海佳美刺绣公司 模拟 财务专用章

科目（付）……
对方科目（收）……
转账日期 年 月 日

本汇票经本行承兑，到期日由本行付交。
承兑银行盖章
中国工商银行 上海徐汇支行 模拟 2002年12月18日 业务专用章

汇票签发人盖章
负责 经办 钟华
复核 记账

此联收款人开户行向承兑行收取票款时作联行往账付出传票

图 9-9 银行承兑汇票的正面填写式样

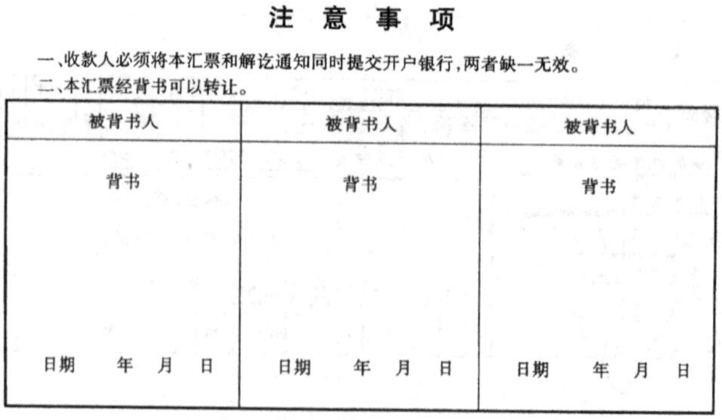

注 意 事 项

一、收款人必须将本汇票和解讫通知同时提交开户银行，两者缺一无效。
二、本汇票经背书可以转让。

被背书人	被背书人	被背书人
背书	背书	背书
日期 年 月 日	日期 年 月 日	日期 年 月 日

图 9-10 银行承兑汇票的背面填写式样

第九单元　采购货款结算

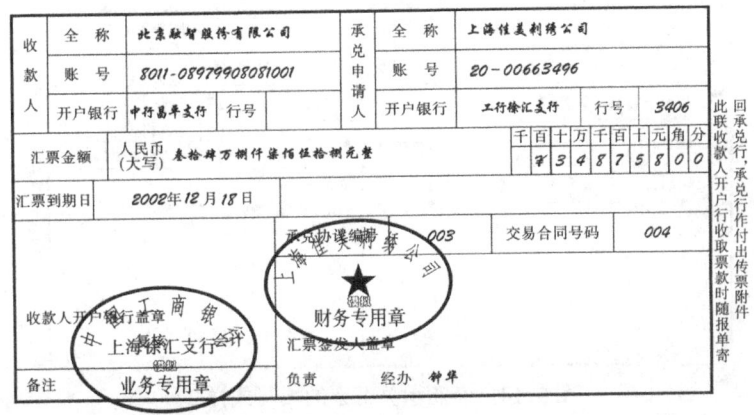

图 9-11　银行承兑汇票的填写式样

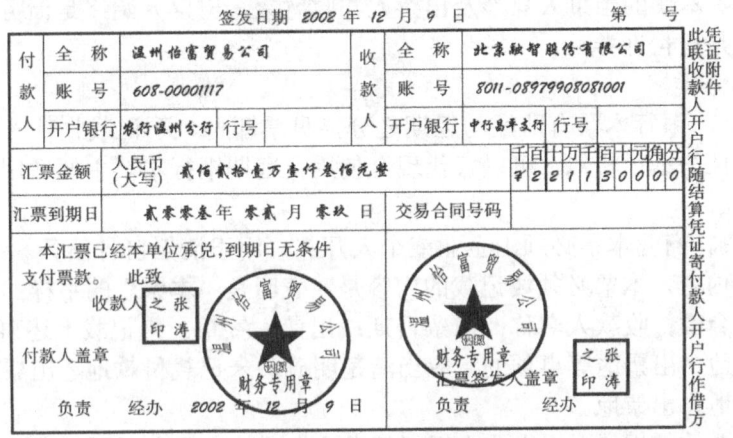

图 9-12　商业承兑汇票的填写式样 1

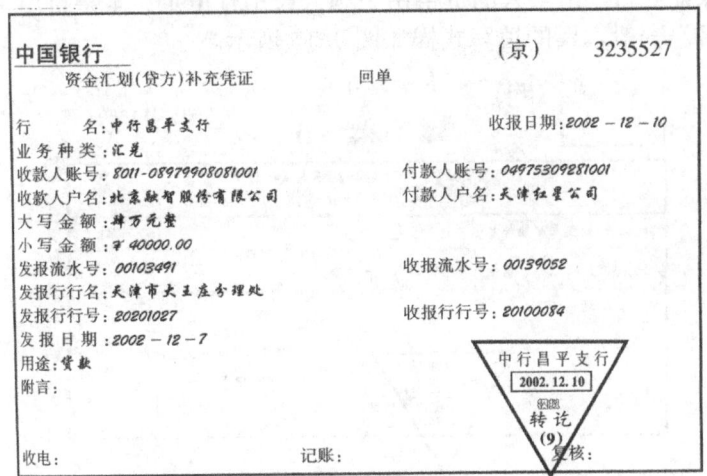

图 9-13　银行收款回单填写式样

107

商业承兑汇票（存根） 3　　ⅨⅣ 3192980

签发日期 2002年11月14日　　第　号

付款人	全　称	北京融智股份有限公司	收款人	全　称	北京亚诺电脑控制公司
	账　号	8011-0897990808100l		账　号	08535786
	开户银行	中行昌平支行　行号		开户银行	工行北太平庄分理处　行号

汇票金额	人民币（大写）壹拾贰万陆仟玖佰肆拾伍元整	千	百	十	万	千	百	十	元	角	分
			¥	1	2	6	9	4	5	0	0

汇票到期日	贰零零贰年壹拾贰月壹拾肆日	交易合同号码	
备注：		负责　　经办	

此联签发人存查

图 9-14　商业承兑汇票的填写式样 2

3. 本票

（1）本票的概念。本票是出票人签发的，承诺见票时无条件支付确定的金额给收款人或者持票人的票据。本票的当事人只涉及出票人与收款人，出票人始终是债务人，本票是无条件支付的承诺，是自付证券。

（2）本票的分类。

1）银行本票。银行本票有即期与远期之分，见票即付、不记载收款人名称的小额银行即期本票的流通性与纸币相似，可以替代现金使用；远期银行本票主要适用于大额交易，以保证交易的安全。

2）商业本票。商业本票必须由企业或个人开立，用于清偿自身债务。

（3）本票的内容。本票必须要记载的内容是：表明是“本票”的字样；无条件支付的承诺；确定的票据金额；收款人名称；出票日期；出票人签章。未记载上述事项的本票无效。本票上记载付款地、出票地等事项的，应当清楚明确。未记载付款地、出票地的，出票人营业场所应为付款地、出票地。

（4）银行本票的使用。银行本票由银行签发，本票的出票人必须具有支付本票金额的可靠资金来源，并保证支付，出票人的资格由中国人民银行审定。本票自出票日起，付款期最长不得超过两个月。一般本票的填写式样如图 9-15 所示。

付款期 壹个月

中国工商银行

本　票　1　　ⅢX 013694 第　号

签发日期（大写） 贰零零贰年壹拾贰月贰拾日

收款人：北京融智股份有限公司

凭票即付 人民币（大写） 陆拾玖万贰仟陆佰肆拾元整

转✓账　现　金

中行昌平支行 2002.12.20 转讫 (8)

签发银行盖章

科目（付）……

对方科目（收）……

兑付日期　年　月　日

出纳　复核　经办

此联签发行结清本票时作付出传票

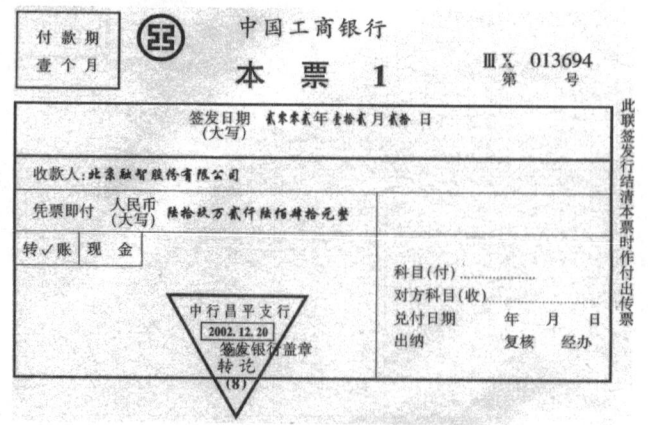

图 9-15　银行本票的填写式样

4. 汇兑

（1）汇兑的概念。汇兑是汇款人委托银行将款项汇给异地收款人的结算方式。

（2）汇兑的种类。汇兑主要分为信汇和电汇两种。

（3）汇兑的内容。

1）信汇的内容。信汇是汇款人委托银行用邮寄凭证的方式，通知汇入行兑付的一种结算方式。信汇凭证的内容有：日期、收款人、金额、账号、住址、汇入行名称、汇款人、汇出地点、汇款用途、汇款人签章等。

2）电汇的内容。电汇是汇款人委托银行以拍发电报的方式，通知汇入行付款的一种结算方式。电汇凭证的内容与信汇凭证基本相同。

（4）汇兑的使用。这种结算方式便于汇款人向异地主动付款，适用于单位、个体经济户和个人之间的各种款项结算。个体经济户和个人从汇入行支取现金，可凭填明“现金”字样的汇款凭证到汇入行支取现金。对于“留行待取”“凭印鉴支取”和“转汇”等，都要有明确的规定，以适应客户的不同要求。

汇兑凭证的常见式样如图 9-16 和图 9-17 所示。

三联 中国银行 电汇凭证(回单) 1

委托日期 年 月 日 第 号

汇款人	全称		收款人	全称	
	账号或住址			账号或住址	
	汇出地点	省 市县 汇出行名称		汇入地点	省 市县 汇入行名称
金额	人民币(大写)				千 百 十 万 千 百 十 元 角 分
汇款用途：				汇出行盖章	
上列款项已根据委托办理，如需查询，请持此回单来行面洽。					
单位主管 会计 出纳 记账				年 月 日	

此联汇出行给汇款人的回单

图 9-16 电汇凭证式样

中国银行汇票委托书 (存根) 1 第 号

委托日期 20 年 月 日

汇款人		收款人	
账号或住址		账号或住址	
兑付地点	省 市县 兑付行	汇款用途	
汇款金额	人民币(大写)		千 百 十 万 千 百 十 元 角 分
备注		科目…… 对方科目…… 财务主管 复核 经办	

8.5×17.5厘米

此联由汇款人留存作记账凭证

图 9-17 汇票委托书式样

5. 异地托收承付

（1）异地托收承付的概念。异地托收承付是指收款人根据购销合同发货后，委托银行向异地付款人收取款项,由付款人承认付款后,其开户银行划拨转账的结算方式。

(2) 异地托收承付的有关规定。

1) 使用异地托收承付结算的单位必须是国有企业、供销合作社以及经营管理较好并且经开户银行审查同意的城乡集体所有制工业企业。

2) 办理异地托收承付结算的款项必须是商品交易以及因商品交易而产生的劳务供应款项。代销、寄销、赊销商品的款项不得办理托收承付结算。

3) 收付双方使用托收承付结算必须要签有符合《合同法》的购销合同,并且在合同上明确使用异地托收承付结算方式。

4) 收付双方办理托收承付结算必须重合同、守信用。收款人对同一付款人发货托收累计三次收不回货款的,银行应暂停其向该付款人办理托收;付款人累计三次无理拒付的,银行应暂停其向外办理托收。

5) 收款人办理托收,必须具有商品确已经发运的证件(包括铁路、航运、公路等运输部门签发的运单、运单副本和邮局包裹回执)。

托收承付有关单据的式样如图9-18所示。

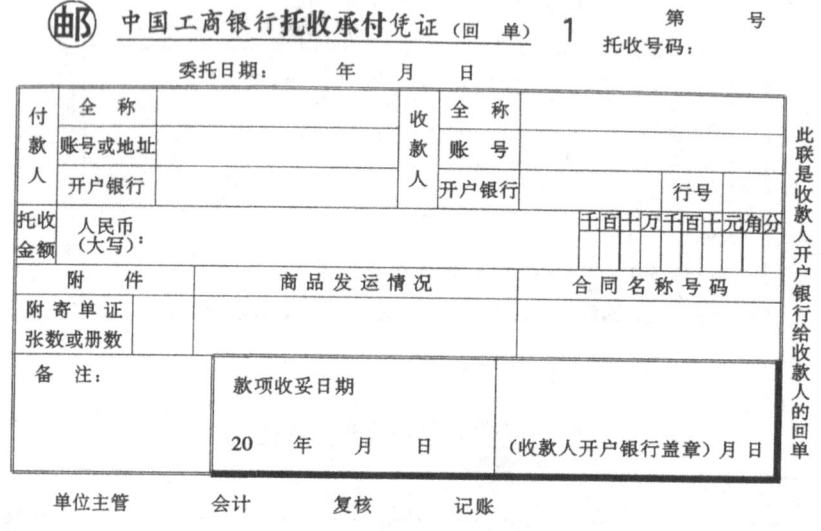

图9-18 托收承付凭证式样

6. 委托银行收款

(1) 委托银行收款的概念。委托银行收款是收款人向银行提供收款依据,委托银行向付款人收取款项的结算方式。

(2) 委托银行收款的适用范围。这种结算方式在同城和异地均都可使用,便于单位主动收款,既适用于在银行开立账户的单位和个体经济户之间的各种款项结算,也适用于水电、邮电、电话等款项的结算。

(3) 委托银行收款的有关规定。委托银行收款不受金额起点限制,并且分为邮寄和电报划回两种,由收款人选择。付款期为三天,付款期满而付款人存款余额不足,应按无款支付办理，不能予以延期。对于拒付的情况，银行不负责审查拒付理由。

委托银行收款单据的填写式样如图 9-19 所示。

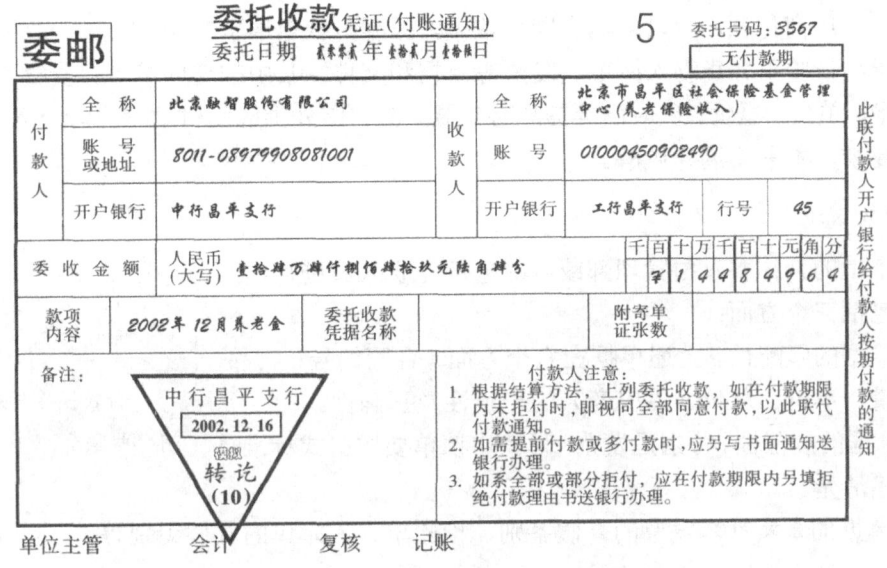

图 9-19 委托收款凭证的填写样式

二、采购付款操作

付款是财务部门的主要工作之一，不同企业在付款操作上有一定的区别，即使是财务部门负责的付款，也要以采购部门的业务活动为依据，由于采购部门是具体采购业务的最主要参与者，所以有时侯采购部门也是付款的主要责任部门之一。

企业向供应商的付款时间一般有预付、货到付款、月结 30 天（60 天或 90 天）几种方式。由于市场竞争激烈，对本地供应商的付款绝大部分采用月结方式，付款期限越长竞争优势越明显，但是一般不宜超过 90 天。如果是国际知名的跨国公司或海外企业作为供应商，由于双方对对方的信誉状况不了解，开始的时侯供应商往往要求预付款，经过一段时间，双方彼此信用度提高，企业可以向供应商申请改为月结 30 天。对于市场紧俏商品或者供应商垄断商品，供应商通常要求必须货到付款，如果企业有足够的流动资金，采用货到付款方式往往能得到价格上的优惠。

支票、汇票、电汇和信用证是最常用的四种支付方式，同城采购一般用支票，国内采购一般用汇票、电汇，国际采购则倾向使用信用证。在正常情况下，采购付款工作以财务人员为主，以采购人员为辅，具体步骤包括以下 6 个方面。

1. 查询物品入库信息

向国内供应商的付款操作，一般是在货物运达、完成入库验收等操作之后进行，因此，采购人员必须认真、准确、及时地查询货物入库信息，着手办理货物付款手续。对于国外供应商，一般在货物到岸或者到达指定的交易地点后，就要及时验收，验收后向供应商开具付款票据。对于长期采购的供应商，特别是有较好信誉的供货商，可按约定的付款周期付款，但是周期不宜过长。

2. 准备付款申请单据

向国内供应商付款，应以采购合同为依据，拟制付款申请单交予财务部门，并准备好采购合同、货物检验单、货物入库单、发票等单据和文件，其中的合同编号、货物名称、验收合格的数量、单价、总价、供应商等信息必须要一致。国外供应商付款操作涉及入关等问题，流程较为复杂，本书不展开讲解。

3. 付款审批

付款审批的具体事宜由管理部或者财务部专职人员进行，审核的内容包括三个方面：

（1）单据的匹配性。上述单据在六个方面（合同编号、物品名称、数量、单价、总价、供应商）的一致性及正确性。

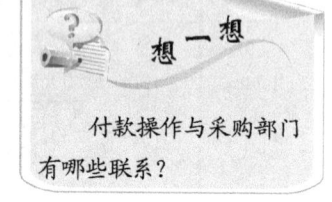

付款操作与采购部门有哪些联系？

（2）单据的规范性。特别是发票、付款申请单要求格式标准、统一、描述清楚。

（3）单据的真实性。发票的真假鉴别，检验单、入库单的真假识别等。

4. 资金平衡

在采购过程中，企业必须合理利用资金，特别是在资金紧缺的情况下，要综合考虑物品的重要性、供应商的付款周期等因素，确定付款顺序。对于不能及时付款的物品，要充分与供应商进行沟通，征得供应商的谅解和同意。

5. 向供应商付款

企业财务部门在接到付款申请单及通知后即可向供应商付款，并提醒供应商注意收款。

6. 供应商收款

企业之间的交易付款活动一般通过银行进行，有时因为遗漏付款账号等问题，导致供应商收不到款。对于金额较大的付款活动，企业有必要在付款后向供应商发出收款提醒。

付款操作过程如图9-20所示。

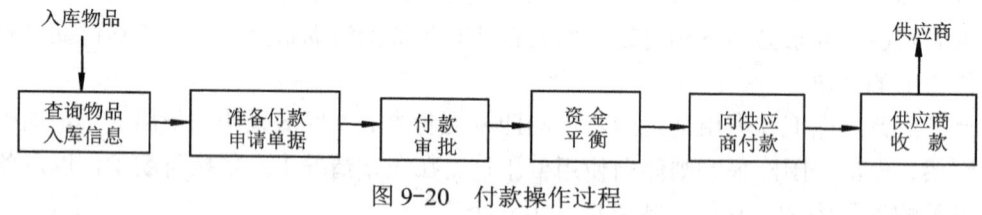

图9-20 付款操作过程

能力培养与训练

1. 实训步骤

（1）教师给定资料。与供货商甲所签合同中关于品种、数量和价格的资料见表9-1。验收入库的数量与合同规定的相同。与供货商乙所签合同中关于品种、数量和价格的资料见表9-2。验收入库的数量与合同规定的相同。

甲、乙供货商均按时、按质、按量供货,且于2015年3月23日验收入库。按合同要求,在货物验收入库后,第二天以银行转账支票方式支付货款。

表9-1 供货商甲合同中的品种、数量及价格表

商品名称	单位	价格/元	数量
A型按摩椅	个	970	3
L型跑步器	台	1 300	2
超强拉力器	个	150	10

表9-2 供货商乙合同中的品种、数量及价格表

商品名称	单位	价格/元	数量
灯塔牌洗衣皂	箱	150	70
奥妙洗衣粉	标准大包	300	50
浴娃油烟净	箱	120	80
金鱼洗涤灵	箱	65	30

(2)供货商与采购人员核对采购合同和实际验收数量等单据,并确定付款方式。

(3)采购部人员与财务部核准数量,签发票据。

(4)采购部人员及时将票据等有关文件交与银行或供货商,供货商收取货款。

(5)小组成员相互调换角色训练。

(6)小组成员相互评价。

(7)教师点评。

2. 实训评价

"结算采购货款"训练考核评分表,见表9-3。

表9-3 "结算采购货款"训练考核评分表

考评人		被考评人	
考评地点			
考评内容	"结算采购货款"训练		
考评标准	具体内容	分值/分	实际得分
	审核采购合同与入库单据全面、完整、准确	30	
	核算实际采购数量与款额符合规定并准确	20	
	填写付款票据合理、准确、无差错	20	
	审核并交付票据未出现差错	15	
	交付发票,供应商收款,叙述各环节完整	15	
	合计	100	

注:考评满分为100分,60分以下为不及格;60~74分为及格;75~84分为良;85分及以上为优秀。

第十单元　采购绩效评估

从管理的角度讲，任何工作都应遵循 PDCA（计划——实施——检查——总结）过程，不断进行改进。采购绩效评估是采购工作的总结环节，对于采购工作具有重要意义。

任务一　采购绩效评估

 任务目标

通过训练，使学生掌握采购绩效的目的、影响因素、评估指标与标准，能依据采购绩效评估体系与标准对采购项目的绩效进行评估。

 任务准备

1. 教师准备绩效评估所用资料。
2. 将学生分成若干组，每组 6 人，其中人力资源部经理 1 人，采购部经理 1 人，采购主管 1 人，人力资源部绩效考核专员 1 人，人力资源部一般工作人员 2 人。

 **知识储备**

一、如何做好采购绩效评估工作

首先必须要明确采购绩效评估的基本要求、采购绩效评估的目的以及影响采购绩效评估的因素。

1. 采购绩效评估的基本要求

美国采购专家威尔兹对采购绩效评估曾提出以下看法：

（1）采购的主管必须具备对采购人员的工作绩效进行评估的能力。

（2）采购绩效评估必须遵循三个基本原则：一是持续性原则，二是整体性原则，三是开放性原则。

（3）采购绩效评估的尺度：一是以往年绩效为尺度，二是以企业的采购绩效为尺度。

2. 采购绩效评估的目的

（1）确保采购目标的实现。

（2）提供改进绩效的依据。

（3）作为个人或者部门奖惩的参考。

（4）为甄选和培养优秀采购人员提供依据。

（5）促进部门之间的合作，建立利益共同体。

（6）增强业务的透明度。

（7）提高采购人员的士气。

3. 影响采购绩效评估的因素

管理层对待采购的态度不同，用于评价采购绩效的方法也有很大的区别，见表10-1。

表10-1　管理层对待采购的态度及采购绩效评估因素

管理层观点	采购业务的等级地位	绩效评估依据
把采购看成是一项业务职能	在组织中的地位低	订单数量、订单累计额、供应到货时间管理、授权、程序等
把采购看成是一项商业活动	向管理人员报告	成本节约额、降价程度、通货膨胀报告、差异报告
把采购看成是综合物流的一部分	采购同其他与材料相关的业务构成统一的整体	成本节约额、货物供应的可靠程度、废品率、供应到货时间的缩短量
把采购看成是一项战略性活动	采购者进入高级管理层	应有成本分析、早期介入的供应商数量、自制还是外购决策、供应基本额的减少量

总之，由于每个公司采购绩效的评价方法不尽相同，所以形成一个统一的方法和评估系统来评估采购绩效是不可能的。

二、如何制定采购绩效评估指标

常见的采购绩效评估指标有：数量绩效指标、价格和成本指标、质量绩效指标、时间绩效指标、效率绩效指标。

1. 数量绩效指标

（1）储存费用指标。储存费用是指存货利息及保管费用之和。企业应将现有存货利息及保管费用与正常存货利息及保管费用的差额进行考核。

（2）积压商品处理损失指标。积压商品处理损失指标是指处理积压商品的收入与其取得成本的差额。

2. 价格和成本指标

价格与成本指标有以下四种形式：

（1）实际价格和标准成本的差额。

（2）实际价格和过去移动平均价格的差额。

（3）使用时价格和采购时价格的差额。

（4）当期采购价格与基期采购价格比率和当期物价指数与基期物价指数比率的差异。

许多企业在年初工作计划中都要设定当年采购成本下降若干百分点的目标（一般为5%~15%），采购部在月度总结（月报）和年度总结（年报）中需将此项工作放在首位。例如某些企业的做法是：把上一年度 12 月 31 日的采购价格作为基准价，比较每个月或全年的采购价（或采购金额）和基准价（或基准金额）。

3. 质量绩效指标

（1）质量体系。质量体系包括通过 ISO9000 的供应商比例、实行物料质量免检的物料比例、物料免检的供应商比例、物料免检的价值比例、实施 SPC 的供应商比例、SPC 控制的物料数比例、开展专项质量改进的供应商数目及比例、参与公司质量改进小组的供应商人数以及比例等。

（2）物料质量。物料质量通常包括批次质量合格率、商品抽检的缺陷率、商品返工率、商品免检率、退货率、商品投诉率等。

4. 时间绩效指标

延迟交货可能会形成缺货，提前交货可能会导致买方负担不必要的存货成本或提前付款的利息费用。

（1）紧急采购费用指标。紧急采购费用是指因紧急情况采用紧急运输方式的费用。紧急采购会使得购入的价格偏高，品质欠佳。紧急采购费用计算公式为

$$紧急采购费用 = 紧急运输方式的费用 - 正常运输方式的费用$$

（2）缺料停工损失指标。缺料停工损失指标是指企业或生产车间、班组在停工期间内（非季节性停工期间）发生的各项费用，包括停工期内支付的直接人工费用和应负担的制造费用。

5. 效率绩效指标

品质、数量、时间和价格绩效指标，主要是用来衡量采购人员的工作效果的。采购人员的工作效率则是用采购效率指标来衡量的。企业常用的效率绩效指标有：

（1）年采购金额。

（2）采购金额占销售收入的百分比。

（3）订单数量。

（4）采购人员的数量。

（5）采购部门的费用。

（6）新供应商开发个数。

（7）采购计划完成率。采购计划完成率的公式为

$$采购计划完成率 = \frac{本月累计完成件数}{本月累计请购件数}$$

（8）错误采购次数。错误采购次数是指在一定期间内企业采购部门因工作失职，例如错误的请购单位、没有预算资本支出的请购项目、未经请购单位主管核准的项目以及未经采购单位主管核准的订购单等原因造成的错误采购数量，它反映了采购部门工作质量的好坏，应降至零。

（9）订单处理时间。订单处理时间是指企业处理采购订单所需要的时间，它反映了企业采购部门的工作效率。

三、如何确定采购绩效评估的标准

常见采购绩效标准有以下四种：

1. 历史绩效的标准

历史绩效的标准往往要经过适当调整后才可以被更好地应用。

2. 预算或标准绩效的标准

预算或标准绩效的设定应该遵循三个标准：①固定标准；②理想标准；③可实现标准。

3. 同行业平均绩效的标准

若企业与其他同业公司在采购组织、职责及人员等方面相似，则可与其进行绩效比较，以辨别彼此在采购工作成效上的优势。若个别公司的绩效资料难以获取，则可以与整个同业绩效的平均水准来比较。

4. 目标绩效的标准

预算绩效是指在现状下"应该"可以达成的工作绩效；目标绩效是指在现状下，不经过特别的努力就无法完成的较高境界。目标绩效代表着企业或公司管理者对工作人员追求最佳绩效的期望值。一般来说，目标绩效的制定有助于鼓舞采购人员的士气，目标绩效要有一定的挑战性，但不能过高。

四、如何正确实施采购绩效评估

企业究竟会选择谁去执行？应该采取什么方式去执行？执行的时候应遵循的步骤是什么？

1. 采购绩效评估的人员

实施采购绩效评估的组织应该具有专业领域的知识、具有协调能力和公正性。采购绩效评估时，经常选择六类部门和人员参与评估：①采购部门主管；②财务会计部门；③生产与工程部门；④销售部门；⑤供应商；⑥外界专家或管理顾问。

2. 采购绩效评估的类型

采购绩效评估的类型包括：①定性评估与定量评估；②总体评估与具体评估；③外部评估和内部评估；④个人评估和职能部门评估；⑤定期评估与不定期评估。

3. 采购绩效评估的方法

（1）排序法。排序法是指管理者按照绩效评估结果对采购人员进行排序，这种绩效既可以是整体的绩效，也可以是某种特定工作的绩效。

（2）比较法。比较法是指在某个绩效标准的基础上，把每个员工的绩效结果和其他员工进行比较，从而判断出谁"更好"，记录每个员工"更好"的次数，按次数高低进行排序。

（3）等级分配法。等级分配法是指由评估小组或者企业主管先拟定有关的评估项目，按评估项目对采购人员的绩效进行粗略地排序。这种方法可以克服前两种方法的弊病。

4．采购绩效评估的步骤

（1）确定需要评估的绩效类型。

（2）具体评估指标设定。

（3）建立绩效评估标准。

（4）选定评估人员。

（5）确定评估时间和评估频率。

（6）实施评估并反馈结果。实施评估是一个系统性的工作，需要部门间的良好沟通与配合，实施的结果要及时反馈。这个时候管理者应该要思考的问题是如何才能更好地利用反馈结果。评估结果一方面表明了采购部门所取得的成绩，另一方面也揭示了采购中存在的问题。在肯定成绩的同时要着力发现和解决问题，只有这样才能达到实施采购绩效评价的目的。

能力培养与训练

1．实训步骤

（1）各组分析下面案例：

面对不公平的绩效考核，该如何申诉？

某公司今年开始实行绩效考核制度，每月按照绩效得分发放奖金。由于人员流失，这个月开始采购部仅剩下甲乙两名员工。绩效得分是由"到货量提成×每月按时到货率"制定而成的，甲负责五家大型供应商，乙负责余下的十三家中小型供应商。

由于公司采购资金限制和供应商性质不同，甲负责的供应商采购量有保障，其总产量是乙负责供应商总产量的两倍以上，因此乙的采购量受到限制。但这个月部门经理把甲乙两人的到货率都定在90％，这种情况就相当于两个人都跑100米，甲在50米处起跑，乙从0米处起跑，这是一场从开始就注定不公平的比赛。

面对这样不公平的绩效考核标准，乙决定向部门经理和老总反映，但又不知如何才能得到他们的重视和认同。

（2）各组分别进行相关资料的整理，讨论上述案例的采购绩效评估应该包括的主要项目及内容。

（3）各组之间相互交流，取长补短。

（4）各组在交流的基础上完成上述案例的采购绩效评估报告的撰写并组织全组学习和掌握。

2．实训评价

"采购绩效评估"训练考核评分表，见表10-2。

表10-2 "采购绩效评估"训练考核评分表

考评人			被考评人	
考评地点				
考评内容	"采购绩效评估"训练			
考评标准	内容		分值/分	实际得分
	撰写采购绩效评估报告内容的把握		40	
	处理问题符合规范,对各种文件的格式及程序清楚		20	
	积极参加问题的讨论,有较强的分析问题的能力、应变及综合表现能力		20	
	对出现的问题提出不同的解决办法		20	
	合　计		100	

注：考评满分为100分，60分以下为不及格；60~74分为及格；75~84分为良；85分及以上为优秀。

任务二

供应商绩效评估

任务目标

通过训练，使学生掌握供应商绩效评估的内容与方法，能依据供应商绩效评估体系与标准对供应商绩效进行评估。

通过训练，使学生提高信息收集、整理技能以及计算、分析、书面语言表达能力，培养学生的团队合作精神以及耐心、细致、认真、负责的工作态度，培养学生的整体观念并采用系统的方法思考问题。

任务准备

1．学生自备学习用具，包括铅笔、橡皮、钢笔、尺子、草稿纸和计算器。

2．将学生分成若干组，每组6人，其中人力资源部经理1人，采购部经理1人，采购主管1人，人力资源部绩效考核专员1人，人力资源部一般工作人员2人。

知识储备

评估供应商的绩效对于企业选择供应商以及逐步改善供应商的绩效至关重要。同时，评估结果向供应商反映了哪些指标是采购企业所重视的以及通过排除的方法来确定哪些是不被重视的。没有评估，就不可能知道事情是会变得更好还是更坏。主观的判断会被具体的事件所影响，是非常不可靠的评估绩效方法。

一、供应商绩效等级

建立供应商等级系统的第一步是选择关键衡量因素。第二步是制定一套有效的衡量每个因素的方法。第三步是收集数据并确定绩效。第四步是根据结果来选择供应商或者改进供应商的绩效。

由于供应商的地位可能会随着时间而变化,所以这些因素需要定期审查。在供应商绩效等级系统中常常会用到的因素包括:

(1)供应商能力。供应商是否有能力做到企业要求它们做的事情?它们是否拥有采购人将来会用到的能力?

(2)资源区域分布格局。供应商对产品和服务的地理分配是否和企业的需求一致?是否应当考虑地方、国内或者国际的业务能力?

(3)定价方法。要衡量定价的可接受性,就必须有比较的基础。典型的有预计价格(趋势)、竞争性价格、行业标准价格指数和成本定价。

(4)财务状况。供应商是否有利可图?它们的长期稳定性如何?供应商的流动比率与速动比率是否可以接受?债务与产权的比例是否合适?

(5)库存场所和方式。供应商是否在合适的地方存放了合理的库存以满足服务的需求?存货水平怎么样?

(6)交付绩效。对于货物的交付来说,衡量绩效的典型指标是货物及时收货的百分比。建立交付绩效的衡量标准时,需要定义"及时"的时限(到期日延后或提前一段时间,那么在这段时间内允许交货并认为是及时的)。每次接收都要将实际接收日期与订购单上的预期接收日期相比较。如果是在及时的期限内,则该货物就是及时接收的。将及时交付的数额除以收到的总数额,然后乘以100计算出及时收货的百分比。

(7)质量记录。衡量质量绩效的典型指标就是缺陷或拒收的百分比。缺陷或拒收百分比的计算与及时收货百分比的计算方法相似,是有缺陷的数额和收到的总数额的比率。

(8)服务记录。衡量供应商服务首先要定义什么是可接受的绩效。其次,衡量所发生的事项,是否每个事项都达到了所定义的期望值,然后按照与衡质量或交付绩效相同的方法来计算服务绩效的百分比。

(9)利润绩效和库存周转率。供应商的库存是否正在周转?供应商的库存周转率和其竞争对手或整个产业平均水平比较如何?供应商的利润是怎样的?虽然任何企业都有可能遇到不景气的时候,但是如果低迷的时期延长,低库存周转率会导致库存增加、利润缩减,供应商甚至会面临破产。

(10)创新纪录和绩效。供应商是否提供创造性的解决问题的办法?供应商是否是新产品开发的领头人?供应商拥有多少专利?这些因素都是值得考虑并列入采购方的评估指标中。

二、供应商绩效评估方法

1. 标杆法

标杆法是将某个产品或过程与可能得到的最好的产品或过程来比较。将其用于供应商绩效评估中,即是将供应商的绩效与所衡量的因素的最好绩效进行对比。

2. 加权法

加权法是用数量衡量的方法,赋予供应商各个因素以不同的重要性(权重)。加权法有以下四个步骤:

(1)选择要衡量的因素。

(2)为每个因素建立权重,用来反映该因素与其他因素相比的重要程度。

(3)确定供应商在每个因素上的实际绩效。

(4)将实际绩效的数据乘以其权数并且计算加权求和结果。总得分既能反映供应商的绩效,也反映了采购企业对该绩效的重视程度。

3. 成本法

成本法是通过将所有可以确定的采购成本,加上发货的价格来确定每次发货的采购总成本。加在发货价格上的额外成本比率越低,供应商的等级就越高。成本法有以下六个步骤:

(1)确定成本要包括的因素(如交付、质量或服务)。

(2)确定采购企业在这些领域中的非履行成本。

(3)对特定的某次出货计算其实际发生的成本。计算每次发生的成本占出货采购价值的比率。每个因素都有一个比率。

(4)计算所有因素比率的总和,用来确定该次发货(以及通过扩展而得知供应商)的总额。这就是供应商的总成本比率。

(5)调整价格:调整后价格=价格×(1+总成本比率)。

(6)用调整后的价格来评价供应商,从而确定未来的业务。

4. 总采购成本

总采购成本是指价格总和加上所有其他采购成本,如配送、处理交易和交货的日常开支以及工作资金的成本,还有非履行成本(如检验成本和由缺陷产品引起的成本)。

三、误导等级的因素

无效的供应商等衡量系统包括以下三种情况:

(1)不准确的数据。如果计算绩效值的数据库有错误,那么计算出来的衡量结果就会出错,结果导致内部消费者和供应商之间失去可信性。

(2)对因素不合适的加权。分配给因素的加权必须准确反映企业投入在这些因素上的价值。

(3)主观性。主观的衡量结果会受到评价人有选择性记忆的影响,并且会被异常的近期事件所扭曲。

四、等级分布的问题

在给供应商分配等级的时候,采购企业需要注意下列事项:

（1）机密性：等级信息应当与受到绩效衡量的供应商共同分享，但是不能告诉采购人和供应商企业之外的任何人。向竞争对手披露供应商的绩效数据是严重违反信任约定并严重危害关系的。这并不排除将最好的供应商作为供应商认证或者供应商认可项目的情况。

（2）供应商对等级的反应：供应商对其绩效衡量的反应可能会受下列因素的影响。

1）数据的可信性。如果由于数据的不准确而导致供应商在评价中排名落后，那么供应商的反应可能是消极的。

2）采购企业的态度。有时候不好的绩效是源于采购企业的内部。规格不清楚或者计划经常变动也会导致供应商绩效评估结果看起来很差，尽管供应商已经尽了最大的努力。责备的态度（而不是解决问题的态度）会导致供应商拒绝接受评价。但是，如果采购企业用解决问题的态度来摆出精确的数据，但供应商仍然没有反应，则它们未做反应的事实就可以视为不愿意改进的意思。

能力培养与训练

1. 实训步骤

（1）教师安排任务，给定各个公司供应商的相关资料。

（2）小组分别进行相关资料的整理，对每个供应商进行正确评估。

（3）各组展示评估结果，写出评估报告。

（4）教师点评。

2. 实训评价

"供应商绩效评估"训练考核评分表，见表10-3。

表10-3 "供应商绩效评估"训练考核评分表

考 评 人		被考评人	
考评地点			
考评内容	"供应商绩效评估"训练		
考评标准	内　　　容	分值/分	实 际 得 分
	撰写供应商绩效评估报告内容的把握	40	
	处理问题符合规范，对各种文件的格式及程序清楚	20	
	积极参加问题的讨论，有较强的分析问题的能力、应变及综合表现能力	20	
	对出现的问题提出不同的解决办法	20	
	合　　　计	100	

注：考评满分为100分，60分以下为不及格；60～74分为及格；75～84分为良；85分及以上为优秀。

任务三　采购员绩效评估

任务目标

通过训练，使学生能够正确运用各种指标对采购员的绩效进行评价，能够提出改进采购员绩效评估的方法，能够依据采购绩效评估体系与标准对采购员的绩效进行评估。

任务准备

1．在教师指导下，对有关采购部门（如超市）进行调查，了解采购员绩效评估的相关资料，并以小组为单位组织研讨、分析，在充分讨论的基础上形成小组的调研报告。各小组可选择不同类型企业的采购部门进行调研，如制造企业、超市、商贸企业等，以真实的案例作为实训内容。

2．小组分别进行相关资料的整理，讨论采购员绩效评估应该包括的主要项目内容。

3．小组内部进行讨论。

4．小组之间进行交流，相互学习取长补短。

5．各小组在交流的基础上完成采购员绩效评估报告的撰写并组织全组学习和掌握。

知识储备

采购质量的好坏直接影响着企业产品质量的好坏，而决定采购质量好坏其中一个重要因素就是人的因素。要使每个采购人员与采购部门的管理者都能不断地适应企业发展和市场竞争的要求，就必须要制定一套完善的采购人员管理制度和考核标准，采购人员考核标准样本见表10-4。

表10-4　采购员考核标准样本

考核项目	考核内容	直接上级	品管部	奖罚分数
定量标准	停工断料，影响工时			一次扣5分
	紧急采购（如空运）出现费用差额			一次扣2分
	进料品质合格率下降			一次扣2分
	物料使用不良或退货			一次扣3分
	入库数量和申购数量不符			一次扣2分
	入库价格高于申购价格			一次扣2分

(续)

考核项目	考核内容	直接上级	品管部	奖罚分数
定量标准	比较市场价格和采购价格的差额,上升超过2%			一次扣1分
	采购金额与计划金额不符			一次扣2分
	采购收益率低于计划收益率			一次扣3分
	采购期间优质供应商数量每减少一个			一次扣2分
	采购完成率			一次扣2分
	错误采购次数(注:并责成退货)			一次扣2分
	订单处理时间超过24小时			一次扣2分
	未按照规定的工作流程实施采购计划			一次扣2分
工作态度	未按时、保质保量完成上级安排的工作任务			一次扣2分
	精神散漫,不肯与别人合作			一次扣5分
	每日工作未做到日清日结			一次扣1分
	工作上与别人发生口舌、说脏话			一次扣5分
	单据丢失、漏交、未及时递交			一次扣5分
	安排加班未执行到位			一次扣2分
	安排的工作未执行,不服从管理与上级发生口角			一次扣10分
	态度差受到客户(各部门)投诉			一次扣2分
工作纪律	上班做与工作无关的事			一次扣1分
	旷工半天			一次扣5分
	迟到、早退			一次扣2分
	未遵守和维护公司各项规章制度			一次扣2分
	未经请示擅自离开岗位			一次扣3分
奖励加分	采购期间优质供应商数量每增加一个			一次奖2分
	实际价格与过去平均价格的差额每降1%			一次奖2分
	提出合理化建议被采纳			一次奖3分

 能力培养与训练

1. 实训步骤

(1)教师安排各组分析采购部门采购人员的工作情况。
(2)各组采购人员自述各自工作。
(3)由各组针对采购人员的陈述填写采购人员绩效考核表,见表10-5。
(4)各组讲解部分采购人员绩效考核表的填写情况,分析采购人员表现。
(5)撰写采购人员绩效考核评估报告,教师点评。

表 10-5　采购人员绩效考核表

	姓名		工号		入职日期	
	职务		职称		工资等级	
目标管理考核	项次	项目	目标	达成状况	得分	备注
人事考核	项次	项目	考核分数	项次	项目	考核分数
	考核总分					

考核者评语		发展趋势评语	

初考:				
复考:	提拔重用	平级调用	原级留用	降级留用

2. 实训评价

"采购员绩效评估"训练考核评分表，见表 10-6。

表 10-6　"采购员绩效评估"训练考核评分表

考评人			被考评人	
考评地点				
考评内容	"采购员绩效评估"训练			
考评标准	内　　容		分值/分	实际得分
	采购员工作表现描述		40	
	绩效考核表填制情况		40	
	采购员绩效考核报告		20	
	合　　计		100	

注：考评满分为 100 分，60 分以下为不及格；60～74 分为及格；75～84 分为良；85 分及以上为优秀。

参 考 文 献

[1] 张计划，李亮. 从零开始学采购[M]. 北京：化学工业出版社，2012.
[2] 李锋，陈锦红. 采购管理必备制度与表格[M]. 北京：化学工业出版社，2010.
[3] 刘宝红. 采购与供应链管理：一个实践者的角度[M]. 2版. 北京：机械工业出版社，2015.
[4] 李政，姜宏锋. 采购过程控制[M]. 北京：化学工业出版社，2010.
[5] 周云. 采购成本控制与供应商管理[M]. 北京：机械工业出版社，2014.
[6] 张友林. 采购新手快速入门[M]. 北京：化学工业出版社，2012.
[7] 李恒芳，廖小丽. 优秀采购员手册[M]. 广州：广东经济出版社，2010.
[8] 王生平，吴丽芳. 采购经理365天超级管理手册[M]. 北京：人民邮电出版社，2013.